HEYNE <

Anjana Gill

Das kleine Hotel, wo Wünsche wahr werden

Eine Erzählung über
die lebensverändernde Kraft
unserer Gedanken

WILHELM HEYNE VERLAG
MÜNCHEN

FSC
www.fsc.org
MIX
Papier | Fördert gute Waldnutzung
FSC® C014496

Penguin Random House Verlagsgruppe FSC® N001967

Originalausgabe 10/2024

Redaktion: Dr. Diane Zilliges
Illustrationen: © Guter Punkt, München
Umschlaggestaltung: Guter Punkt, München
Umschlagmotive: © miu_miu/iStock/Getty Images Plus; © Color_life/ iStock/Getty Images Plus; © paladin13/iStock/ Getty Images Plus; © stock_shoppe/iStock/Getty Images Plus
Autorenfoto: © Selda photography/Selda Schretzmann
Satz: Guter Punkt, München
Druck und Bindung: GGP Media GmbH, Pößneck
ISBN 978-3-453-70485-5

www.heyne.de

»Alles ist möglich«, versprach Sita, die weise Frau, die aus einem Dorf am Rande des Himalayas stammte. »Deine Träume und Wünsche werden sich erfüllen. Denn dafür hast du sie.«

Alles beginnt im genau richtigen Moment.
Nicht vorher und nicht nachher.
Auch die Erfüllung unserer Wünsche.

Und der genau richtige Moment ist jetzt.

Danke für alles. Danke, Sita.

Inhalt

Vorwort

Ich wünschte, du wärst in diesem Urlaub dabei gewesen. Es war so unglaublich toll! Ich habe eine Auszeit in einem kleinen Hotel verbracht – in einem ganz besonderen Hotel, das nicht für jedermann zugänglich ist, was ich aber zuerst gar nicht wusste. Ich war eine Woche lang dort, eine Woche, die mein ganzes Leben verändert hat – und dein Leben wird es gleich auch verändern, wenn du hier weiterliest, da bin ich mir mehr als sicher.

Du glaubst nicht, was ich dort erfahren habe. Ich bin immer noch wie elektrisiert. Und ich verspreche dir jetzt etwas: Ich verspreche dir, dass in drei oder sagen wir in spätestens sechs Monaten Bewegung in die Themen gekommen sein wird, in denen du dir etwas wünschst. Höchstwahrscheinlich ist die Erfüllung deiner Wünsche dann teilweise schon eingetreten oder sie ist zumindest kurz davor. Das glaubst du nicht? Das ging mir genauso, ich konnte es zuerst auch nicht glauben. Hört sich ja auch zu schön an, um wahr zu sein, oder? Aber es ist tatsächlich wahr. Ich habe es am eigenen Leib erfahren. Es ist tatsächlich wahr.

Es gibt ja Momente im Leben, da trifft man Entscheidungen, die hätte man normalerweise so nicht getroffen. Und es gibt Momente im Leben, da trifft man auf Menschen, die dem eigenen Leben eine völlig neue Richtung geben. Man trifft sie scheinbar ganz zufällig und ungeplant. Denkt man zumindest. In Wahrheit gibt es natürlich keine Zufälle. In Wahrheit stand auch dieses Treffen, von dem ich dir gleich erzähle, bereits fest. Nur ich wusste das damals noch nicht. Diese Begegnung veränderte mein gesamtes Leben – auf eine Weise, wie ich es mir niemals hätte erträumen können. Und wie gesagt, dein Leben wird sie auch verändern, da bin ich mir sicher. Du wurdest nämlich auch erwähnt. Du als der Mensch, der dieses Buch hier lesen wird.

Ich erfuhr etwas Ungeheuerliches. Ich erfuhr, und jetzt halte dich fest, ich erfuhr von den sieben Stufen zur Wunscherfüllung. Das sind nicht irgendwelche Schritte und das ist nicht irgendein Wissen. Nein, ganz im Gegenteil, es ist das vielleicht wichtigste Glückswissen überhaupt. Wissen, von dem ich vorher nicht einmal ahnte, dass es das überhaupt gibt. »Wunsch-Erfüllungs-Wissen«. Hast du schon mal davon gehört? Also ich nicht. Aber dieses Wissen existiert tatsächlich!

Ich erfuhr, dass jeder Mensch mithilfe von nur sieben Schritten seine Wünsche selbst wahr machen kann – in nur sieben Schritten! Genauer gesagt: Ich erfuhr, wie jeder Mensch, also auch du und ich, selbst die Erfüllung seiner Wünsche in das eigene Leben ziehen kann. Ich erfuhr, was wir tun können, was wir denken müssen, was wir fühlen müssen, worauf wir achten müssen, um die Erfüllung unserer Wünsche in unser Leben zu ziehen. Ich erfuhr, dass es regelrechte Türöffner zur Wunscherfüllung gibt und dass es aber auch Dinge gibt, die die Erfüllung eher ausbremsen.

Du findest, das hört sich wie ein Märchen aus Tausendundeiner Nacht an? Fand ich zuerst auch. Es ist aber kein Märchen – es ist altes Glückswissen. Das leider im Laufe der Jahrhunderte zu großen Teilen verloren gegangen ist. Aber zum Glück haben einige wenige Menschen, ich nenne sie »Eingeweihte«, dieses Erfüllungswissen für uns bewahrt: das Wissen um die sieben Gesetze zur Erfüllung unserer Wünsche. Als ich das hörte, war mein erster Gedanke: Wie, das kann doch nicht wahr sein! Es gibt Wissen über die Wunscherfüllung, eine Anleitung dafür, wie wir unsere Wünsche erfüllen können? Und davon habe ich noch nie gehört? Unglaublich, oder?

Gesetze über die Wunscherfüllung – als würde man über Jura oder Matheformeln reden oder über Biologie oder Erdkunde. Über etwas, das man lernen kann, so wie »Die Würde des Menschen ist unantastbar« oder dass zwei plus zwei gleich vier ist oder dass Zebras in Afrika leben und Lima die Hauptstadt von Peru ist. Aber hier geht es um unsere Wünsche, um unser Glück und um die Erfüllung unserer Herzensziele. Und auch das kann man einfach so lernen? Für mich klang das zunächst ziemlich unglaublich.

Wie dem auch sei, ich bin so glücklich, dass ich spontan diesen Urlaub gebucht habe. Denn genau dort bin ich einem dieser wunderbaren Menschen, die dieses Wissen bewahrt haben, begegnet. Einem unglaublich tollen Menschen, genauer gesagt: einer absolut faszinierenden Frau. Ich bin der charismatischen und weisen Sita begegnet.

Ich kann dieses Glück immer noch nicht richtig fassen und werde jetzt noch aufgeregt, wenn ich an diesen Urlaub nur denke. Ich erzähle dir gleich die ganze Geschichte, wie mich Sita, diese wunderbare weise Frau aus dem Kleinen Hotel der Wünsche, die ursprünglich aus einem kleinen Dorf am Rande des Himalayas stammte und nach der Schule eine hochinteressante Ausbildung absolvierte, in die Geheimnisse und die Kunst der Wunscherfüllung eingeweiht hat.

Es ist, als wäre der Schleier vor meinen Augen plötzlich weg und ich könnte endlich klar sehen. Danach war nichts mehr wie zuvor. Und das wird dir gleich genauso ergehen. Alles ist möglich. Das stimmt tatsächlich. In Wahrheit gibt es keine Grenzen. Grenzen existieren nur in unseren Köpfen.

Sitas letzte Worte an mich waren übrigens diese: »Und nun geh und erfülle deine Lebensaufgabe. Die Zeit ist reif.« Dabei lächelte sie mich auf ihre wunderbar warmherzige und liebevolle Weise an. Ich bekomme immer noch Gänsehaut, wenn ich an diesen Moment denke. Und deshalb erzähle ich dir jetzt alles, zumal ich sonst wahrscheinlich platzen würde ...

Wie alles begann

Endlich geht es mir richtig gut. Mehr noch, ich bin rundum glücklich. Und das war nicht immer so. Beileibe nicht. Es gab eine Zeit in meinem Leben, da schien nicht alles rundzulaufen, um es vornehm auszudrücken. Der Wurm hatte sich in mein Leben gefressen – wie in einen Apfel oder in eine Pflaume. Das kennst du bestimmt auch, nicht wahr? Wer kennt solche wurmigen Phasen nicht? Einfach nichts klappte. Bei mir lief das so: Jeden Tag erreichte mich irgendeine neue schlechte Nachricht – Mieterhöhung, Steuernachzahlung, neue nervige Chefin, Auto kaputt, meine »beste Freundin« redete hinter meinem Rücken schlecht über mich und so weiter und so fort. Ich glaube, man sagt Negativspirale dazu. Fühlte sich auch an wie ein Sog nach unten. Aber kurz bevor mich dieser Sog völlig in einen Strudel hinabgezogen hätte, trat diese wunderbare Sita in mein Leben. Zum Glück.

Angefangen hat alles am 7. Juni, einem scheinbar ganz normalen Mittwoch. Mir reichte es endgültig. Ich konnte den ganzen Mist einfach nicht länger ertragen und beschloss spontan, eine Woche Auszeit zu nehmen. Das war die beste Entscheidung meines Lebens, die allerbeste sogar, wie sich herausstellen sollte.

Ich buchte mir für eine Woche ein Zimmer in einem kleinen Hotel an einem See, etwa vierhundert Kilometer von meinem Zuhause entfernt. Das Hotel hatte sehr gute Bewertungen im Internet, und ich war happy, dass ich so kurzfristig noch ein freies Zimmer ergattert hatte.

Ich packte nur ein paar Sachen zusammen und los ging's. Normalerweise war ich nicht so spontan, aber dieses Mal konnte es mir gar nicht schnell genug gehen. Irgendwie fühlte es sich auch eher wie eine Flucht vor meinem Leben an und nicht wie der Beginn eines Urlaubs.

Jedenfalls klappte alles ausnahmsweise mal reibungslos und ich kam noch am gleichen Abend dort an. Es war tatsächlich ein wunderschönes kleines Hotel. Es sah noch viel schöner aus als im Internet – meistens ist es ja eher umgekehrt. Ist dir bestimmt auch schon mal passiert, man kommt am Reiseziel an und denkt nur: »Ach du je, das soll meine Unterkunft sein?« Aber dieses Hotel war sogar noch viel schöner, als es im Internet wirkte. Es war klein, aber sehr fein. Es hatte gelbe Markisen über den Fenstern. Über dem Eingang hing ein weißes Metallschild, so ein Schild, wie es oft an Bistros und Cafés hängt, und darauf stand geschrieben: »Das Kleine Hotel der Wünsche«.

Oh, wie schön, dachte ich erfreut. Im Internet stand das gar nicht. Dort hieß es einfach »Hotel am See«. Hier aber stand der vollständige Name: »Hotel am See. Das Kleine Hotel der Wünsche.« Wie schön das klingt, dachte ich wohlig. Wirklich schön. Links vor dem Eingang stand ein Elefant aus Stein, einen Meter hoch, ein richtiger Glückselefant, mit dem Rüssel nach oben. Sehr einladend. Wusstest du übrigens, dass nur Elefanten, die den Rüssel nach oben geschwungen haben, Glück bringen? Das habe ich auch erst von Sita erfahren.

Ich liebe Elefanten, und für mich war dieser Glückselefant vor dem Eingang ein Zeichen, dass ich hier richtig war. Kennst du das, mit den Zeichen? Wenn ich irgendwo einen Elefanten oder einen Engel sehe, dann weiß ich sofort, dass ich an dem Ort richtig bin. Es fühlt sich dann für mich an, als sei ich geführt worden. Weißt du, was ich meine?

Neben diesem wunderschönen Elefanten stand noch eine Tafel, so eine Tafel, wie sie oft vor Restaurants steht, wo draufsteht »Heute frischer Spargel« oder so etwas. Auf dieser Tafel stand geschrieben: »Namasté, schön, dass du da bist.«

Mich durchlief sofort ein warmes Wohlfühlgefühl. Hier war ich richtig, dachte ich. Und wie richtig ich hier war! Aber das konnte ich da ja noch nicht wirklich wissen.

Ich betrat das Hotel und, ja, wie soll ich dir das beschreiben? Es empfing mich eine absolut zauberhafte Atmosphäre. Auf dem Pult der Rezeption thronte eine goldene Buddha-Statue, daneben stand eine Vase mit frischen blühenden gelben und weißen Blumen, es roch dezent nach Sandelholz, warme Sonnenstrahlen fielen durch die weißen fließenden Vorhänge an den Fenstern. War das schön hier! Es fühlte sich an, als würde augenblicklich jede Last von meinen Schultern fallen.

Und als wäre das noch nicht genug, betrat sie nun den Raum. Wow! Mir stockte der Atem. Was für eine charismatische Erscheinung! Die Frau, die auf mich zukam, sah wunderschön aus. Sie war nicht mehr ganz jung, ich konnte ihr Alter schwer schätzen, aber sie hatte eine unglaublich einnehmende Ausstrahlung. Sie brachte mit ihrem Wesen den ganzen Raum zum Leuchten. Die Frau trug eine längere, weiße, bestickte Tunika aus einem Baumwoll-Seide-Gemisch und darunter eine passende weiße Hose. So ähnlich geschnitten wie der Punjabi-Look aus Indien. Dazu trug sie flache Sandalen, auch im Indian Style, und goldene Armreifen und Ohrringe.

Diese Frau strahlte mich mit ihren leuchtenden braunen Augen an. Eine Welle der Wärme und Liebe durchströmte mich augenblicklich, als ob ich sie schon lange kennen würde. Es fühlte sich ein wenig so an, als ob ich nach Hause kommen würde. Ja tatsächlich, als ob ich nach Hause kommen würde.

»Namasté und herzlich willkommen«, begrüßte sie mich freundlich und legte die Handflächen vor dem Körper zum Gruß aneinander. »Ich freue mich sehr, dass du hier bist, meine Liebe. Hattest du eine angenehme Anreise?«

»Ja, vielen Dank, die hatte ich«, antwortete ich, völlig in ihren Bann gezogen.

»Du hast Glück«, sagt sie. »Heute ist zufällig Zimmer Nummer vier frei geworden. Wobei es ja genau genommen keine Zufälle gibt. Ein wunderschönes Zimmer, die Nummer vier – es hat sogar einen kleinen Balkon mit Seeblick und einen Erker zur Westseite. Ich denke, es wird dir gefallen.«

Sie führte mich zu dem Zimmer – und was soll ich sagen: Es war ein Traum. In der Mitte des Raumes stand ein einladendes Boxspring-Himmelbett. Das fing ja schon mal gut an, freute ich mich. Ich liebe Himmelbetten über alles. Als Kind hatte ich auch eins, aber danach leider nicht mehr. In diesem schönen Zimmer gab es noch ein helles Blumensofa mit einem kleinen Tischchen davor. In dem charmanten Erker, mit Blick in den wunderschönen, fast parkartigen Garten, stand ein kleiner antiker Holzschreibtisch. Überall waren fließende weiße Vorhänge an den Fenstern und on top gehörte zu dem Zimmer noch ein modernes Badezimmer mit Dusche und Badewanne. Himmlisch. Vom Balkon aus hatte man einen herrlichen Blick in den Garten und auf den See. Und dann hing auf meinem Balkon noch ein gemütlicher Hängekorbsessel mit großen Kissen darin. Ich liebe diese Sessel. Dieses sanfte Schaukeln macht mich glücklich. Dabei könnte ich alles vergessen. Es beruhigt mich und schenkt mir irgendwie inneren Frieden.

Ich konnte mein Glück noch gar nicht richtig fassen. Eines stand fest: Flucht gelungen. Was war das schön hier!

»Ich bin übrigens Sita«, unterbrach die faszinierende Frau meine wohligen Gedanken. »Ich werde die nächsten Tage für dich da sein.«

Die Bedeutung dieser Worte konnte ich an diesem Abend noch nicht ermessen. Aber Sita war für mich da – und wie sie für mich da war. Und für dich ja dadurch irgendwie auch. Sie war für uns beide da – für dich und für mich.

Als ich später allein in meinem Zimmer war, sah ich übrigens noch, dass auf dem Schreibtisch in dem charmanten Erker eine kleine Engelfigur stand. Ich bekam Gänsehaut. Ja, hier war ich richtig. Genau richtig! Ein Glückselefant am Eingang und ein kleiner Engel in meinem Zimmer. Ich liebe es!

Geht dir das eigentlich auch so? Wenn du einen Raum betrittst und dort eine Engelfigur steht, ein Elefant oder eine Buddhafigur, dass du dann sofort dieses heimelige warme Gefühl bekommst?

Ich wusste, dass du das auch hast.

Ich packte noch schnell meine Tasche aus, richtete mich etwas ein und dann ging's schon zum Abendessen. Herrlich, wenn man sich mal bedienen lassen kann und nicht überlegen muss, was man kochen soll. Einfach herrlich. Ich wählte an diesem Abend von der Speisekarte ein Linsencurry mit Reis und zum Nachtisch Tiramisu. Mir lief schon beim Bestellen das Wasser im Mund zusammen. Und das Essen war dann auch wirklich einfach nur göttlich lecker.

Irgendwann bemerkte ich, dass ich heute scheinbar der einzige Gast war. Jedenfalls hier im Speiseraum. Aber das störte mich nicht, ganz im Gegenteil, ich genoss die Ruhe und die schöne chillige Loungemusik im Hintergrund.

Manchmal stört mich das richtig, wenn andere Gäste um mich herum laut reden. Heute war ich endlich mal ungestört, und ich merkte, wie gut mir das tat und wie ich mich zu entspannen begann. Das war ein wunderschöner Urlaubsanfang, freute ich mich.

Am nächsten Morgen wachte ich ausgeschlafen und fröhlich auf. So gut hatte ich mich schon ewig nicht mehr gefühlt. Ich reckte und streckte mich in meinem wunderbaren Himmelbett und beschloss, zunächst einmal im See schwimmen zu gehen. Das war so herrlich – etwas kalt zwar, aber himmlisch schön. Und nach dem Bad im See ging's gleich zum Frühstück. Es gab einen ganz entzückenden kleinen Frühstücksraum im Hotel, mit sechs Tischchen und einem wunderbar reichhaltigen Frühstücksbuffet. Es fehlte wirklich an nichts, an gar nichts.

Während ich das Frühstück genoss und zufrieden vor mich hin mampfte, gesellte sich Sita zu mir. Auch heute wieder warf sie mich einfach um. Was für eine eindrucksvolle Person, dachte ich bewundernd. Sie strahlte fast wie die Sonne. Und ich mochte ihre Art, sich zu kleiden. Sie trug wieder eine Tunika mit passender Hose. Dazu eine passende lange Kette und an den Armen mehrere goldene Armreifen. Sehr geschmackvoll und schön. Wir kamen ins Gespräch und irgendwann fragte ich sie, wieso das Hotel »Das Kleine Hotel der Wünsche« heißt? Und warum das nicht im Internet stand. Warum steht dort nur »Hotel am See«?

»Der ganze Name steht nicht im Internet, weil dies ein geschützter Ort ist. Dieser Ort, dieses Hotel ist nicht für jedermann zugänglich. Er ist reserviert für ganz bestimmte Menschen«, erklärte sie mir.

Ungläubig fragte ich: »Für ganz bestimmte Menschen? Und was mache ich dann hier?«

»Wir beide sind hier verabredet«, antwortete Sita. »Und ich freue mich so sehr, dass du jetzt hier bist. Der Zeitpunkt für dieses Treffen steht schon lange fest, sehr lange. Es stand schon immer fest, dass wir uns jetzt treffen werden. Denn jetzt ist der genau richtige Zeitpunkt für dich.«

»Weißt du«, fuhr sie fort, »alles geschieht immer zum genau richtigen Zeitpunkt. Nicht vorher und nicht nachher. Alles im Leben geschieht im genau richtigen Moment. Ihr denkt häufig, die Dinge in eurem Leben würden zufällig geschehen. Tun sie aber nicht. Nichts im Leben geschieht zufällig. Nichts. Bei niemandem. Auch bei dir nicht.«

Ich war, gelinde gesagt, etwas verwirrt. Stell du dir mal vor, es würde sich jemand zu dir an den Frühstückstisch setzen und solche Dinge sagen. Da ist man schon etwas irritiert.

»Warum sollen wir hier verabredet sein?«, hakte ich erstaunt nach. »Und warum wusste ich nichts davon?«

»Das werde ich dir ganz in Ruhe erklären, meine Liebe«, antwortete Sita lächelnd. »Es hat etwas mit dem Thema Glück zu tun, genauer gesagt mit deinem Glück. Und es hat etwas mit der Erfüllung deiner

Wünsche zu tun. Du musst wissen, dass ich möchte, dass du rundum glücklich wirst. Und du musst wissen, dass ich weiß, was du dafür tun musst. Und nun bist du hier. Du hast mich gefunden. Das ist wundervoll. Genau im richtigen Moment«, freute sie sich.

»Was haben Menschen, die besonders glücklich sind, auf der ganzen Welt gemeinsam?«, fuhr Sita gleich fort und unterbrach damit meine zweifelnden und verwirrten Gedanken. »Die Antwort ist: Sie alle kennen die Geheimnisse der Wunscherfüllung. Das ist tatsächlich so. Eins steht nämlich fest, meine Liebe: Dass wir uns unsere Wünsche erfüllen, ist sehr wichtig. Warum? Weil Menschen, die viele unerfüllte Wünsche haben, glauben, ihnen würde etwas fehlen. Du kennst doch bestimmt auch solche Leute, nicht wahr?«, fragte sie mich. »Menschen in deiner Umgebung, die unerfüllte Wünsche und deshalb ständig das Gefühl haben, ihnen würde es an etwas fehlen. Das kann etwas Materielles sein, aber das kann genauso gut etwas anderes sein, wie eine Beziehung, ein schönes Zuhause, Anerkennung oder Erfolg.«

Sie schaute mich an und ich nickte.

Also sprach sie weiter: »Das Gefühl, dass einem etwas fehlt, löst fast immer ein Gefühl des Mangels aus. Und genau das ist gefährlich. Dieses Gefühl des Mangels steht unserem Lebensglück im Weg. Das Gefühl des Mangels, also das Gefühl, dass uns etwas fehlt, in welcher Form auch immer, stellt sich wie eine hohe Mauer zwischen uns und das Glück und die Erfüllung unserer Wünsche.« Während sie erklärte, malte sie mit ihren Händen eine hohe Mauer in die Luft. »Und es stimmt tatsächlich, du kannst es dir vorstellen wie eine hohe Mauer, die direkt vor dir steht. Deshalb gehören Wunscherfüllung und Glück auch fest zusammen. Wenn sich unsere Wünsche erfüllen, sind wir glücklich. Wenn wir glücklich sind, erfüllen sich unsere Wünsche. Das ist ein Naturgesetz. Irgendwann später werden wir erkennen, dass viele unserer Wünsche in Wahrheit nicht wirklich wichtig waren. Aber das erkennen wir erst, wenn wir in der Lage sind, sie uns zu erfüllen. Sonst werden wir ihnen ewig hinterherrennen. Verstehst du das?« Sita schaute mich wohlwollend an und fügte noch hinzu: »Im Moment läufst auch du der Erfüllung deiner Wünsche noch hinterher, stimmt's?«

Ja, da hatte sie recht. Genauso fühlt sich das an. Als würde ich meinen Wünschen hinterherrennen, überlegte ich und nickte.

»Das werden wir nun beenden. Denn dafür bist du hier. Du bist hier, um die sieben Gesetze der Wunscherfüllung kennenzulernen. Und ich bin hier, um dir zu zeigen, wie du die Erfüllung deiner Wünsche in dein Leben ziehst«, sagte sie liebevoll.

»Ich bin hier, um zu lernen, mir meine Wünsche zu erfüllen?«, fragte ich ungläubig. Noch fühlte ich mich etwas überrumpelt und überfordert. Ich war sprachlos, was nicht oft vorkam. Aber dann fing die Sache an, mir zu gefallen. Das war doch mal was. Wobei ich immer noch nicht verstanden hatte, was es mit einigen Andeutungen von Sita auf sich hatte.

Egal, auf jeden Fall hatte sie mir eine gewaltige Ansage gemacht: Ich werde etwas über die Gesetze der Wunscherfüllung erfahren. Genauer gesagt: Wir beide werden etwas über die Gesetze der Wunscherfüllung erfahren – du ja auch, weil ich dir alles erzähle. Spannend, nicht wahr?

Überleg mal: Das wäre schon cool, wenn sich all unsere Wünsche erfüllen würden. Supercool sogar.

Ich dachte an meine Wünsche – und da kamen schon einige zusammen: Eine neue lichtdurchflutete Wohnung mit einer großen Terrasse oder einem großen Balkon wäre toll und ich wollte so gern mehr Geld verdienen und gleichzeitig meine Berufung finden ... und von einer Weltreise träumte ich auch. Und eine Familie wollte ich. Jetzt noch nicht, aber irgendwann einmal ... Ja, ja, die Sache mit den Wünschen war nicht gerade eine kleine Sache.

Es war ein langer Tag gewesen, und es wurde langsam Zeit, sich zurückzuziehen. Sita verabschiedete sich mit den Worten: »Schlaf gut, meine Liebe. Wir sehen uns morgen. Ich freue mich auf dich.« Dabei reichte sie mir zum Abschied einen Zettel, auf dem stand:

Was wollte sie mir damit sagen?

Ich nahm den Zettel und zog mich auf mein Zimmer, genauer gesagt auf meinen Balkon in den gemütlichen Hängekorbsessel zurück. Ich war jetzt doch etwas erschöpft von dem ganzen Tag und dem Ankommen hier.

Und da saß ich nun mit meinem Zettel und dachte über den Inhalt nach. War tatsächlich nichts in meinem Leben zufällig geschehen? Hatte alles einen Sinn? Auch das, was nicht so toll gelaufen war? Rückblickend betrachtet kamen da schon ein paar Fragen auf …

Stell dir mal vor, was wäre, wenn wirklich alles einen Sinn hätte. Kannst du dir das für dein Leben vorstellen? Kannst du glauben, dass alles einen Sinn hatte? Wirklich alles? Auch, dass du zum Beispiel neulich ein Date vermasselt hast? Oder dass du dich mit deiner Freundin gestritten hast? Oder den gewünschten Job doch nicht bekommen hast? Ich tue mich noch etwas schwer damit, muss ich gestehen.

Und dann dachte ich über diese Mauer nach, von der Sita erzählt hatte. Und darüber, dass sich das Gefühl, wenn uns etwas fehlt, wie eine hohe Mauer zwischen uns und die Wunscherfüllung stellt.

Das fand ich ziemlich spannend. Ich hatte das heute zum ersten Mal gehört. Dazu musste ich Sita unbedingt noch einmal genauer interviewen. Diese imaginäre Mauer ist bei mir bestimmt ganz schön hoch, überlegte ich. Und während ich so vor mich hin schaukelte und nachdachte, fielen mir wieder meine diversen Wünsche ein, deren Erfüllung angeblich hinter dieser Mauer lag.

Hast du eigentlich auch so viele Wünsche wie ich? Und wenn ja, welche hast du? Mir kannst du sie ruhig anvertrauen – auch die, von denen du sonst niemandem erzählen würdest. Es bleibt unter uns, versprochen. Also, Hand aufs Herz: Was ist dein größter Wunsch? Dein alleralleralllergrößter Wunsch?

DAS ERSTE GESETZ
DER WUNSCHERFÜLLUNG

Zielklarheit

Am nächsten Morgen wachte ich zum Glück früh auf. Ich freute mich total. Sita hatte mir nämlich bei der Ankunft erzählt, dass sie den Tag jeden Morgen um 6.30 Uhr mit Yoga begann und wer wollte, konnte gern mitmachen. 6.30 Uhr! Mitten in der Nacht! Zumindest im Urlaub, dachte ich. Ich persönlich fühle mich schon gestresst, wenn es da nur bis zehn Uhr Frühstück gibt. Geht dir das auch so? Urlaub ist schließlich Urlaub. Na ja, aber an diesem Tag war ich glücklicherweise schon früh wach und so konnte ich beim Morgenyoga dabei sein.

Es war wunderschön. Wir begannen mit dem Sonnengruß. Ich kannte ihn und konnte ihn früher richtig gut. Allerdings war ich etwas aus der Übung, muss ich gestehen, und ziemlich eingerostet. Aber es war trotzdem herrlich. Yoga draußen im Freien im frühen Morgenlicht zu machen, unter einem hohen alten Baum, der in der Mitte des Gartens stand – das war schon besonders und ganz anders, als in dem Yogastudio in der ersten Etage, in dem ich früher war. Zum Abschluss der Stunde machte Sita eine wunderbare Atemübung, und ich muss sagen, so gut und frisch hatte ich mich schon ewig nicht mehr gefühlt. Ich sollte unbedingt wieder öfter Yoga machen, nahm ich mir fest vor. Ich werde mich gleich nächste Woche wieder anmelden. Ja, das mache ich.

Nach einem wunderbar köstlichen Frühstück, das ich mir ja heute richtig verdient hatte, spürte ich das Bedürfnis, diese ganzen Informationen von gestern noch einmal in Ruhe sacken zu lassen und mir ganz in Ruhe erst einmal die Umgebung anzuschauen. Das mache ich eigentlich immer zu Beginn des Urlaubs. Machst du das auch so gern?

Es war so schön und friedlich hier. Ich war rundum froh, dem Stadtleben für ein paar Tage entkommen zu sein. Ich finde das Leben in der Stadt zwar ganz nett, es wird nie langweilig, aber manchmal nervte es mich auch. Zeitweise ist es mir einfach zu hektisch und zu wuselig und überall ist Stau, das nervt einfach. Weißt du, was ich meine?

Hier war es anders. Überall hier an diesem See gab es hübsche Stellen, die zum Verweilen einluden. An einem Platz zum Beispiel, vom Hotel ungefähr 350 Meter entfernt, hingen die Äste einer alten Weide bis in den See hinein und bildeten eine Art Tunnel. Wunderschön. Man konnte hindurchspazieren und sich wie unter einem Feenbaum fühlen. An wieder einer anderen Stelle gab es eine kleine Pappelallee mit ungefähr zwölf alten großen Pappeln, die wie aufgereiht hintereinander standen. Einfach nur schön. Unter einer dieser Pappeln parkte ein kleines Cafémobil. Das stand wohl im Sommer jeden Tag hier, wie ich erfuhr.

Neuerdings stehen diese kleinen Cafékwagen und auch Food Trucks ja gefühlt an jeder Ecke. Ich mag sie sehr und dieses kleine Kaffeeauto hier war besonders schön. Rot gestrichen und mit dem Namen versehen: »Alessios kleines Cafémobil«. Vor das Fahrzeug hatte Alessio, ich nahm an, dass er es war, vier kleine klappbare Holztische und Stühle gestellt. Herrlich, hier im Schatten. Ich gönnte mir einen Latte macchiato, der ein wahrer Genuss war. Ich glaube, ich blieb über eine Stunde einfach an einem dieser Tischchen sitzen.

Einfach mal nichts tun und genießen. Das sollten wir alle viel öfter tun – also ich zumindest. Du wahrscheinlich auch, oder? Wir sind ja alle ziemlich eingespannt. Und wir sollten uns etwas mehr um uns selbst kümmern. Wenn du Lust hast, können wir uns ja mal bei einem dieser Cafémobile auf einen Café Latte treffen und über unsere Wünsche reden. Das wäre schön. In meiner Stadt oder vielleicht auch in deiner. Schauen wir mal, wann das Schicksal oder besser gesagt das Universum uns »zufällig« zusammenbringt. Ich bin gespannt.

Nach dieser wunderbaren Pause schlenderte ich ziemlich entspannt zurück in mein wunderschönes Hotel der Wünsche. Am Eingang erwartete mich schon Sita. Und wieder war ich von ihrer strahlenden Erscheinung ganz angetan, insbesondere von ihren warmen und leuchtenden Augen. Es gibt einfach Menschen, die sind irgendwie »besonderer« als die meisten, ging es mir bei ihrem Anblick durch den Kopf.

»Komm«, sagte Sita und machte eine einladende Handbewegung. »Wir setzen uns ein wenig in die Hollywoodschaukel, die hinten im Garten steht. Ich wollte mit dir ja über deine Wünsche sprechen.«

»Oh ja, sehr gern. Über meine Wünsche reden klingt gut. Wie nett – da bin ich dabei«, freute ich mich.

Gleich darauf schaukelten wir sanft in einer urgemütlichen Hollywoodschaukel und sprachen über die vielen verschiedenen Wünsche, die man so hat. Sita fragte mich schließlich: »Was sind denn genau deine Wünsche? Erzähl mal.«

»Also, da habe ich so einige«, holte ich aus. »Als Erstes wünsche ich mir eine größere helle Wohnung mit großer Terrasse. Und ich möchte die Welt besser kennenlernen und tolle Reisen machen. Na ja, und die würde ich am liebsten zusammen mit einem Partner machen. Zurzeit bin ich allerdings Single. Ach ja, und mehr Geld wünsche ich mir auch – aber wer tut das nicht?« So zählte ich meine Wünsche auf, und es fielen mir noch etliche weitere ein, die ich Sita alle aufzählte.

Sita hörte sehr interessiert zu, dachte einen Augenblick nach und sagte dann: »Das sind eine Menge Wünsche. Aber das ist völlig in Ordnung. Dennoch, wenn du möchtest, dass sich deine Wünsche schnell erfüllen, dann solltest du für Zielklarheit sorgen, meine Liebe.«

»Zielklarheit?«, fragte ich nach. »Was genau meinst du damit?«

»Zielklarheit ist wichtig«, begann sie. »Zielklarheit,

das sagt ja das Wort schon, bedeutet Klarheit über dein Ziel. Ich vergleiche mal deine Wünsche mit einer Bahnfahrt von A nach B. Stell dir vor, dein Wunsch wäre es, mit der Bahn von München nach Berlin zu fahren. Du steigst in München in den Zug. Nach kurzer Zeit im Zug fällt dir plötzlich ein, dass du schon immer gern mal nach Nürnberg wolltest, und steigst dort wieder aus. In Nürnberg überlegst du dir, dass du zunächst eigentlich lieber nach Köln als nach Berlin fahren würdest, und steigst in den Zug nach Köln. Irgendwann kommst du dann schlussendlich vielleicht doch in Berlin an. Aber irgendwann halt, nach vielem Hin und Her.« Sie malte mit ihren Händen einen Zickzackkurs in die Luft und dabei hörte ich das Geklimper ihrer Armreifen wie ein wunderschönes Hintergrund-Glockenspiel.

»Und was hat das mit meinen Wüschen zu tun?«, fragte ich verwundert. Ich wollte ja schließlich weder nach Köln noch nach Berlin fahren noch sonst eine Bahnfahrt machen.

»Das hat mehr damit zu tun, als du dir vielleicht im Moment vorstellen kannst. Die meisten Menschen neigen nämlich dazu, sich auf dem Weg zur Erfüllung ihrer Wünsche zu verirren. Du übrigens auch, meine Liebe, das weiß ich zufällig«, sagte Sita geheimnisvoll. »Oft merkt ihr das gar nicht und denkt, ihr wäret zielgerichtet. Aber bei genauerer Betrachtung sieht man, dass ihr das nicht wirklich seid. Letzte Woche war hier zum Beispiel eine junge Frau, deren größter Wunsch es war, in einem Haus auf dem Land zu leben.

Das sagte sie zumindest. Ein paar Tage später erzählte sie mir aber, dass sie sich eine Penthouse-Wohnung in der Stadt wünsche. Merkst du was? So funktioniert Erfüllung leider nicht. Nirgendwo auf der Welt.«

Sita machte eine Pause und sprach dann weiter: »Deshalb, bevor wir anfangen, tiefer in die Geheimnisse der Erfüllung einzusteigen, schau dir deine Wünsche noch einmal ganz genau an und frage dich bei jedem einzelnen: Ist es das, was ich wirklich will? Und noch besser ist es, du fragst dich: Ist es das, was mein Herz will? Das ist eine der wichtigsten Fragen überhaupt. Denn nur die Wünsche deines Herzens führen dich an den Platz, an dem du sein sollst. Nur die Wünsche deines Herzens. Alle anderen sind nicht wirklich wichtig.«

Sita lächelte mich mit ihren warmen braunen Augen liebevoll an und ließ mich allein zurück auf der Schaukel. Sie wollte offensichtlich, dass ich in Ruhe über ihre Worte nachdachte, und außerdem hatte sie wohl auch noch etwas Wichtiges zu erledigen. Aber bevor sie verschwand, reichte sie mir noch so einen Zettel wie gestern Abend. Auf diesem Zettel stand geschrieben:

Stell dir bei allem was du dir
wünschst, zuerst diese Frage:
Ist es das, was mein Herz sich wünscht?
Nur das ist wichtig. Nur das.

Hm. Interessante Frage. Eine wirklich sehr interessante Frage. Sie relativiert natürlich den ein oder anderen Wunsch. Ich dachte eine Weile über meine Wünsche nach und da fiel mir noch eine ganz wichtige Frage ein: Kann man sich denn eigentlich alles wünschen? Oder nur bestimmte Dinge? Kann ich mir also einen Lebenspartner wünschen, eine schöne Wohnung, Geld und einen neuen interessanten und erfüllenden Job und mehr Zeit für mich selbst, aber auch einen Studienplatz für mein Patenkind und so weiter? Und, ganz wichtig, darf ich mir mehrere Dinge gleichzeitig wünschen? Das alles musste ich Sita unbedingt noch fragen. Ich konnte es kaum erwarten.

Glücklicherweise gesellte sich Sita nach einer Stunde wieder zu mir und ich konnte meine Fragen loswerden. »Kann man sich eigentlich alles wünschen?«, fragte ich, ohne lange abzuwarten. »Und, Sita, kann man sich auch mehrere Dinge gleichzeitig wüschen?«

Sita war glücklicherweise von meinen Fragen nicht genervt, im Gegenteil, sie schien sich sogar darüber zu freuen und antwortete lächelnd: »Gute Fragen. Sehr gute Fragen, meine Liebe. Ja, du kannst dir alles wünschen, was du möchtest: Eine glückliche Partnerschaft genauso wie eine Arbeitsstelle, in der du deine Berufung findest und gut bezahlt wirst; eine tolle Wohnung oder ein Haus genauso wie zum Beispiel einen passenden Studienplatz. Allerdings nicht für jemand anderen. Du kannst dir nur Dinge für dich selbst wünschen und sie in dein Leben ziehen. Das ist wichtig. Nur für dich selbst. Hinzu kommt eine weitere Voraussetzung: Du musst die Erfüllung auch wirklich für möglich halten. Grenzen gibt es nur in unseren Köpfen. Im Universum gibt es keine Grenzen.«

Sie schaute mich prüfend an, ob ich alles verstanden hatte. Dann fuhr sie fort: »Ja, du kannst auch mehrere Dinge gleichzeitig in dein Leben ziehen, das ist aber eher schon etwas für Fortgeschrittene. Zu Beginn würde ich dir empfehlen, einen Wunsch nach dem anderen zu verwirklichen. Und noch einmal kurz zu deinem Verständnis«, sie hob dabei den Zeigefinger, es war ihr anscheinend ganz wichtig: »Wir sind hier nicht bei ›Wünsch dir was‹, sondern bei: ›Wir manifestieren‹. Wir ziehen die Erfüllung in dein Leben. Das ist ein Riesenunterschied! Wünschen ist etwas für Kinder. Wir dagegen ziehen hier aktiv die Erfüllung in dein Leben. Das ist ein gewaltiger Unterschied.«

Sie machte eine kleine Pause und sprach dann weiter: »Spür mal den Unterschied zwischen diesen beiden Aussagen: ›Ich wünsche mir einen passenden Partner‹ und ›Ich ziehe jetzt den passenden Partner in mein Leben‹. Oder ›Ich wünsche mir eine neue Wohnung mit Sonnenterrasse‹ und ›Ich ziehe eine tolle Wohnung mit Sonnenterrasse in mein Leben‹. Merkst du etwas? Das erste ist passiv, das zweite aktiv.« Sie zeigte bei dem Wort »passiv« auf die linke Seite und bei dem Wort »aktiv« auf die rechte Seite.

»Und, meine Liebe«, fügte sie hinzu. »Wir sind nicht passiv. Opfer sind passiv. Wir sind aktiv. Du auch. Wir sind Gestalter. Mehr noch: Wir sind Erfüller.« Sie sah mich eindringlich an. »Du bist eine Gestalterin, eine aktive Gestalterin. Und jetzt krönen wir das Ganze und machen aus dir eine echte Wunscherfüllerin.«

Puh, das hörte sich ja gut an. Richtig vielversprechend. Ich werde eine Wunscherfüllerin. Und wenn ich es werde, dann wirst du es auch: Wir beide werden Wunscherfüller, du und ich. Ich kann es gar nicht erwarten ...

Nach einem kurzen Moment reichte Sita mir wieder einen ihrer Zettel:

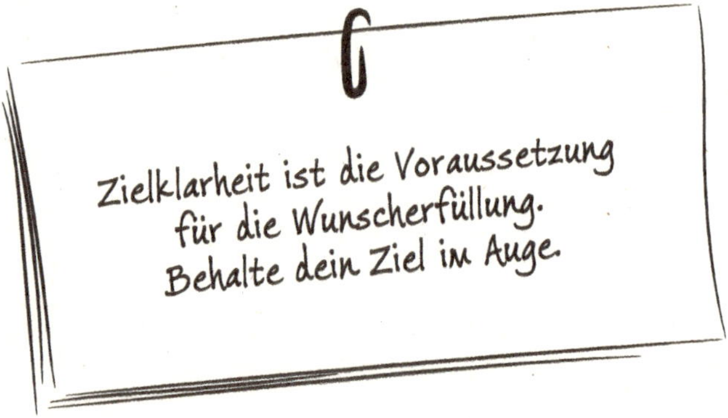

Jetzt haben wir beide etwas zum Nachdenken. Und jede Menge Fragen: Was wünsche ich mir wirklich? Was wünschst du dir wirklich? Was wünscht sich mein Herz wirklich? Und was wünscht sich dein Herz wirklich? Und das müssen wir dann im Auge behalten. Und das werden wir auch.

Weißt du schon, was dein Herz will?

Was mein Kopf will, das weiß ich – bei meinem Herzen bin ich noch nicht sicher.

Und als schien Sita meine Gedanken zu lesen, fragte sie mich: »Weißt du was? Hast du Lust auf eine kleine, ganz besondere Meditation?«

»Oh ja, sehr gern.« Ich hatte sogar große Lust dazu, wenn die Frage von Sita kam. Und »eine besondere Meditation« hörte sich auch sehr interessant an. Ich mache sowieso ganz gern mal eine geführte Meditation, das tut mir immer sehr gut.

»Wunderbar«, freute sich Sita. »Dann machen wir jetzt eine kleine Herzsprechstunde.«

»Herzsprechstunde?«, wiederholte ich fragend. »Ich dachte, dazu müsste man zu einem Herzspezialisten, einem Kardiologen oder wie man die nennt?« Ich wusste nicht wirklich, was Sita damit meinte.

»Musst du nicht«, lachte sie. »Du wirst gleich verstehen, was damit gemeint ist. Diese Meditation hat mir übrigens ein Mönch in Bhutan gezeigt.« Sie erinnerte sich: »Ich bin vor einigen Jahren mal durch Bhutan gereist. Das ist so ein faszinierendes Land. Wusstest du, dass Bhutan das erste Land ist, das ein Glücksministerium eingerichtet hat? Und wusstest du, dass es das erste Land war, das das Glück seiner Bewohner gemessen hat? Dort gibt es einen Indikator für Glück: das Bruttonationalglück.«

Das hört sich ja richtig klasse an. Bruttonationalglück – das sollten wir hierzulande auch mal messen, dachte ich. Bei uns geht's immer nur um Produktivität und Kohle. Das nervt, oder? Und wieso haben wir eigentlich nicht auch ein Glücksministerium? Ein Glücksministerium, das genauso groß ist wie das Finanzministerium. Ja, das würde uns gefallen, oder? Wenn wir unsere persönlichen Wünsche erfüllt haben, dann können wir ja mal versuchen, uns für ein Glücksministerium starkzumachen. Einer muss schließlich damit anfangen.

Sita lachte: »Ja, ein Glücksministerium, das wäre auch hierzulande wunderbar. Aber jetzt möchte ich dir erst mal von der Herzsprechstunde erzählen. Ich kam auf meiner Reise damals an einem buddhistischen Kloster vorbei. Es war ein sehr eindrucksvoller Ort. Allein schon vom Äußeren: Das Kloster war in eine steile Felswand gebaut und man erreichte es nur über einen schmalen Pfad. Allein das war schon ein kleines Abenteuer«, erinnerte sie sich. »Ich wurde dort so freundlich aufgenommen. Die Gastfreundschaft der in Orange gekleideten Mönche war nicht von dieser Welt. Ich hatte sogar die Ehre, mit ihnen zusammen zu essen, und nach dem Essen durfte ich ihren Gesängen lauschen. Das war fast magisch. Ich werde diese Gänsehaut-Atmosphäre niemals vergessen. Gegen Ende erklang ein eindrucksvoller Gong, und der ranghöchste Mönch bedeutete mir, ihm zu folgen. Wir gingen durch wunderschöne Gänge, bis wir zu einem Raum mit hohen Decken, hohen Fenstern und Meditationskissen auf dem Boden gelangten. Und genau hier lernte ich diese Herz-Meditation kennen und lieben. Und die erzähle ich dir jetzt.«

Sita hatte die Atmosphäre so schön beschrieben, dass ich das Gefühl hatte, selbst in diesen heiligen Klostermauern zu sitzen.

»Schließe deine Augen«, begann sie mit sanfter Stimme. »Atme ein und wieder aus und werde still. Sag deinem Verstand, dass er jetzt mal Pause hat. Er soll sich zurückziehen. Stell dir vor, wie dein Verstand jetzt den Raum verlässt und durch die Tür hinausgeht.« Sie machte eine kurze Pause. »Jetzt bist du mit deinem Herzen allein. Nur ihr beide. Du bist weiter ganz still. Und nun höre einfach mal hin, was dein Herz zu sagen hat. Hör jetzt nur deinem Herzen zu.«

Und das tat ich dann auch. Ich glaube, ich hörte zum ersten Mal in meinem Leben einfach nur meinem Herzen zu. Ich kann dir gar nicht sagen, wie unglaublich spannend das war. Ich bin immer noch total fasziniert davon. Ich will dir auch gar nicht so viel davon erzählen, was mein Herz mir gesagt hat – denn deines sagt bestimmt andere Dinge zu dir. Und so richtig in Worte fassen lässt es sich sowieso nicht.

Nach ungefähr zehn Minuten beendete Sita diese wunderbare Meditation oder, wie sie es nannte, die »Herzsprechstunde«, leise mit den Worten: »Und nun atme wieder tief ein und doppelt so lange aus. Und dann öffne langsam deine Augen.«

Also öffnete ich meine Augen, und ich muss sagen, danach war nichts mehr, wie es vorher war. Ich war hin und weg von dieser Meditation.

»Siehst du«, freute sich Sita, »das hat doch wunderbar funktioniert. Den Trick, den Verstand in Gedanken einfach aus dem Raum zu schicken, hat mir übrigens auch damals der Mönch beigebracht. Ein toller Trick, nicht wahr?«

Ja, das ist der Mega-Trick. Normalerweise nervt mich der Verstand bei einer Meditation immer und funkt ständig dazwischen. Er schickt mir dann so unnötige Gedanken wie zum Beispiel, dass ich noch Salz einkaufen muss oder dass ich noch ein Geschenk für XY besorgen muss. Gedanken, die da nichts zu suchen haben. Das kennst du ja bestimmt auch, oder? Aber wenn man den Verstand in Gedanken zur Tür rausschickt, ist tatsächlich Ruhe! Wenn man in Gedanken sieht, wie er zur Tür rausgeht, und die Tür von außen zumacht, dann ist tatsächlich Ruhe im Kopf. Beeindruckend einfach. Diese Nervensäge zieht sich tatsächlich zurück.

»Dein Herz hatte dir ja viel zu erzählen«, stellte Sita fest und brachte mich wieder zurück zu meiner Herzsprechstunde. »Spürst du, wie sehr es sich freut, dass du ihm zugehört hast?«

Und wie ich das spürte! Und wie ich das spürte, dachte ich glücklich.

Diese Herzsprechstunde ist ein wunderbarer Tipp. Die kann ich wirklich wärmstens empfehlen. Die musst du unbedingt auch mal machen. Sehr beeindruckend.

Du kennst doch bestimmt auch den Spruch: Tu, was dein Herz dir sagt. Den haben wir alle schon oft gehört. Aber so richtig verstanden, was das bedeutet, hatte ich eigentlich erst jetzt. Bis dahin hatte ich immer gedacht, man muss fühlen, was das Herz einem sagt. Aber was ich nicht wusste, war, dass unser Herz richtig mit uns spricht. Ja, das tut es tatsächlich. Unser Herz spricht – und nicht zu knapp. Du glaubst nicht, wie toll das ist und was für eine Wirkung das hat. Ich war total überrascht, wie gesprächig mein Herz ist und was es alles zu erzählen hat. Was mir offenbar alles auf dem Herzen lag. Diese kleine Herzsprechstunde mit sich selbst ist wie eine Befreiung. Nein besser, sie fühlt sich fast an wie eine Erlösung. Ja, echt. Ich übertreibe nicht. Ich hatte das Gefühl, als wäre mein Herz richtig erleichtert und glücklich, dass ich ihm endlich mal zugehört habe.

Mir ist dabei klar geworden, dass ich viel zu selten meinem Herzen zuhöre, meinem wunderbaren Herzen. So richtig habe ich das eigentlich noch nie gemacht. Du bestimmt auch nicht, oder? Ich denke, wir alle hören viel zu selten unserem Herzen zu. Wir sind meist so taub. Richtig taube Nüsse. Aber das ist jetzt vorbei.

Gut, dass Sita in Bhutan die Mönche kennengelernt hat. Wenn ich meine Weltreise mache, fahre ich dort vielleicht auch mal hin. Ich würde so gern mal zwei oder drei Tage in so einem buddhistischen Kloster verbringen. Das stelle ich mir richtig toll vor. Außer das stundenlange Sitzen im Lotossitz, da merke ich schon bei der Vorstellung, dass meine Füße einschlafen und kribbeln und ich kichern muss. Stell dir mal vor, wie peinlich: Es ist eine himmlische Ruhe, die Mönche sind in die Meditation vertieft und ich fang an zu kichern. Das wäre mal wieder typisch.

Aber ich habe eine andere Idee. Damit wir beide nie wieder vergessen, darauf zu hören, was unser Herz uns sagt, schließen wir jetzt einen Pakt mit unserem Herzen: Wir versprechen ihm, dass wir ihm ab heute zuhören. Wir sagen: »Liebes Herz, du kannst mir alles sagen. Ab heute höre ich dir zu.« Abgemacht? Wir beide hören ab jetzt zu und wir schließen einen Pakt:

Pakt mit meinem Herzen:
Liebes Herz, ich höre dir zu.

Hast du das auch gerade gespürt? Ich hatte das Gefühl, mein Herz wäre kurz gehüpft vor Freude. Deins auch?

Sita hat mir übrigens noch eine sehr gute Idee für den Alltag mitgegeben, damit vor lauter Alltagspflichten und To-do-Listen unser Herz nicht wieder in den Hintergrund gerät: »Bei jedem Herz, das dir in der Welt begegnet, checke kurz, ob du noch in Verbindung mit deinem Herzen bist. Und wenn du einen roten Herzluftballon siehst, dann mach auf jeden Fall die kleine Herzsprechstunde. Wenn du einen roten Herzluftballon siehst, dann will dir dein Herz etwas sagen.«

Es stimmt wirklich! Neulich war ich nur kurz einkaufen und habe innerhalb von fünfundvierzig Minuten drei Herzen gesehen. Und als sei das noch nicht genug, trug die Kassiererin ein T-Shirt mit einem bedruckten Herzen darauf. Und der Knaller war, als ich aus dem Laden kam, stand dort ein Kind mit einem roten Herzluftballon in der Hand. Da wusste ich, dass mir mein Herz etwas Wichtiges sagen wollte.

Ich habe noch am selben Abend die kleine Herzsprechstunde gemacht und – ganz klar: Mein Herz hat mir dabei tatsächlich etwas Wichtiges gesagt. Etwas super Wichtiges sogar. Es hat mir den richtigen Weg gezeigt. Ich weiß jetzt, welche Herzenswünsche mir am allerwichtigsten sind. Zwei Dinge wünsche ich mir von ganzem Herzen, das ist mir an diesem Abend ganz klar geworden. Ich wünsche mir eine wunderschöne Wohnsituation, mit viel Platz und Licht und einer besonderen und warmen Atmosphäre, wo ich mich rundum wohlfühlen kann. Und ich wünsche mir eine innige, glückliche wunderbare Partnerschaft voller Liebe, Lachen, Wärme und Vertrauen. Ja, genau diese beiden Dinge wünsche ich mir.

Früher hätte ich vermutlich gar nicht bemerkt, dass mir etwas auf dem Herzen lag. Und wenn Sita mir die Sache mit dem Herzluftballon nicht erzählt hätte, wäre ich wahrscheinlich immer noch auf dem falschen Weg unterwegs. Schon lustig, wie ein roter Herzluftballon das Leben bereichern kann. Und sogar verändern. Ein einfacher roter Herzluftballon.

Jetzt sind wir ein Herz und eine Seele – mein Herz und ich. Und das wird dir genauso gehen.

Also, achte unbedingt ab jetzt auch auf Herzen und ganz besonders auf Herzluftballons. Das wird dein Leben verändern – so viel steht fest. Ich könnte wetten, dass du in den nächsten Tagen auch einen roten Herzluftballon siehst. Das habe ich irgendwie im Gefühl. Achte mal darauf.

Ich bin so glücklich, dass ich in Sitas Hotel gelandet

war. Stell dir mal vor, ich hätte so eins von den üblichen Wellnesshotels gebucht, dann hätten wir das mit der Herzsprechstunde nie erfahren. Und alles, was noch kommt, auch nicht ...

»Wunscherfüllung ist kein Zufall. Sie gehört in unsere Hände«, hatte Sita gesagt. »Jeder sollte die Erfüllung seiner Wünsche in die eigene Hand nehmen.«

Interessant, nicht wahr? Und genau das tun wir jetzt – du und ich. Einverstanden?

Ich freue mich so, denn davon habe ich immer geträumt. Zusammen sind wir jetzt ein Wunscherfüllungs-Team, du und ich. Und der rote Herzluftballon gehört in gewisser Weise auch dazu.

DAS ZWEITE GESETZ DER WUNSCHERFÜLLUNG

Das Universum steht an deiner Seite

Ich liebe diese Sommerabende, wenn es draußen warm ist, die Sonne schon untergegangen ist und es langsam dunkel wird. Ich liebe es, dann draußen im Kerzenlicht zu sitzen. Magst du das auch so? Ich finde, diese Momente haben eine ganz besondere Atmosphäre. Wenn man dann noch in den Sternenhimmel schauen kann, ist es perfekt. Und genau so ein perfekter Abend war heute. Hier am See gab es keinen störenden Lichtsmog wie in der Stadt und man konnte richtig viele Sterne sehen. Wunderschön war das.

Zum Abendessen hatte ich mir heute mal Pasta gegönnt. Ich liebe Nudeln. Du auch? Nudeln mit Tomatensoße und Parmesan machen mich rundum glücklich, ich könnte sie tonnenweise verschlingen. Man soll zwar abends keine Kohlenhydrate essen, aber das war mir heute so was von egal. Mir gehen die ganzen Verbote eh total auf die Nerven und ich hatte jetzt Ferien, auch von Verboten. Das hatte ich bestens gelaunt beschlossen. Und deshalb bestellte ich mir auch noch ein Glas köstlichen Luganer Weißwein zur Pasta. Wenn schon, denn schon. Das hat Spaß gemacht. Einfach mal genießen.

Nach dem Abendessen gesellte sich Sita wieder zu mir und wir genossen zusammen diesen herrlichen Sommerabend auf der wunderschönen Terrasse. Irgendwann bemerkte ich, dass hier hinten auf der Terrasse auch so eine Tafel stand wie vor dem Haus, auf der »Namasté. Schön, dass du da bist« geschrieben stand. Auf dieser Tafel hier stand mit Kreide geschrieben:

Du bist nicht allein. Du warst es nie.

»Was ist damit gemeint?«, fragte ich Sita. »Du bist nicht allein. Du warst es nie.«

Sie lächelte mich an. »Was ist damit gemeint?«, wiederholte sie, bevor sie antwortete. »Ein wichtiger Schritt zur Wunscherfüllung ist es zu erkennen, dass du nicht getrennt bist und dass du in Wahrheit nie allein bist. Zu keiner Zeit. Viele Menschen fühlen sich manchmal irgendwie hilflos, so, als seien sie Opfer der Umstände. Dadurch entsteht ein Gefühl des Alleinseins. Das kennst du ja bestimmt auch, oder? Ich denke, das kennt fast jeder. Wir, also ich und du und jeder andere Mensch auch, sind aber in Wahrheit nie allein. Keiner von uns ist jemals allein, sondern jede Sekunde eingebettet in das Universum.«

»In das Universum?«, staunte ich. »Ist das nicht eine Nummer zu groß?«

»Schau einmal«, sagte Sita liebevoll. »Während

wir hier gemütlich sitzen, fliegen wir beide, und mit uns alle anderen Menschen auch, auf dieser Erde mit einer Geschwindigkeit von 107 000 Kilometern pro Stunde durchs All. Das ist Fakt. Auch wenn sich so einige Menschen der Illusion hingeben, unabhängig von äußeren Umständen zu existieren, und manche in diesem Zusammenhang behaupten: Ja, die Erde fliegt durchs All, aber das hat ja nichts mit uns Menschen zu tun. Hat es nicht?«, lachte Sita laut auf. »Hat es natürlich doch. Sogar eine ganze Menge. Die Erde fliegt durchs Universum und wir Menschen auf ihr. Wir Menschen sind ununterbrochen Teil des Universums und zwangsläufig mit ihm verbunden. Auch du und ich – ob wir das wollen oder nicht.«

Sita machte eine Pause und sprach dann weiter: »Alle Menschen sind Teil des Universums – und es geht sogar noch weiter: Jede Zelle unseres Körpers, meines Körpers und deines Körpers, ist mit dem Bewusstsein des Universums gefüllt.«

»Halt! Stopp!«, sagte ich. Das war jetzt doch ein ziemlich schwerer Brocken. »Das Universum ist in meinen Zellen? Mit seinem Bewusstsein?«

Aber Sita fuhr fort: »Letztlich könnte man auch sagen, und das ist für dich vielleicht einfacher zu verstehen: Du und das Universum, ihr seid ständig verbunden. Du stehst in einem ständigen Austausch mit ihm. Und vor allem: Das Universum liebt dich und wird dir immer zur Seite stehen.«

Dabei schauten wir in den wunderschönen leuchtenden Sternenhimmel und in meinem Kopf arbeitete es heftig. Es kam mir schon noch etwas seltsam vor. Das Universum liebt mich. Ist klar. So dachte ich noch, aber da redete Sita schon weiter: »Es gibt übrigens ein Tor zum Universum oder zur Wunscherfüllung.«

»Ein Tor zum Universum?«, wiederholte ich. Das wurde ja immer besser. »Ich sehe keins«, sagte ich und schaute nach oben in den Sternenhimmel. »Wo soll das denn sein? Ich sehe gerade mal den Kleinen Wagen und da vorn ist der Große Wagen.«

»Na, das ist doch immerhin schon mal etwas«, lächelte Sita. »Aber Spaß beiseite. Du kannst es dir folgendermaßen vorstellen: Das Universum ist das große Ganze. Im Universum ist alles enthalten. Alles. Wenn alles im Universum enthalten ist, dann ist logischerweise auch die Erfüllung deiner Wünsche dort enthalten. Verstehst du?« Sie sah mich fragend an.

Als Sita meinen zweifelnden Blick sah, versuchte sie es anders: »Du kannst es vergleichen mit einem großen Versandhaus, in dem es nahezu alles gibt. Wenn du weißt, wie du die Tür dorthin öffnen kannst und wie die Bestellvoraussetzungen sind, dann brauchst du nur noch bestellen und du bekommst, was du möchtest. Deine Bestellung wird geliefert. Beim Universum verhält es sich ähnlich, nur noch viel besser: Das Universum liefert sogar gratis«, lachte sie. »Ist das nicht wundervoll?«

»Heißt das, ich brauche mir nur etwas beim Universum zu bestellen und schon wird es geliefert?«, fragte ich noch einmal nach. »Das habe ich nämlich schon einmal versucht, es hat aber nicht richtig geklappt.« Ich erinnerte mich noch gut daran.

»Ja, das kann gut sein«, antwortete Sita. »Ganz so einfach ist es dann doch nicht. Vorher musst du gewisse Dinge verstehen und verinnerlichen. Erst dann klappt das mit dir und dem Universum. Aber wenn du diese Dinge, diese Voraussetzungen, einmal kennst, dann kann dich und die Erfüllung deiner Wünsche nichts mehr stoppen, das verspreche ich dir. Dann kann euch nichts und niemand mehr stoppen. Es fühlt sich dann an, als sei die Schleuse zur Erfüllung geöffnet. Ja, so kann man das nennen: als sei die Schleuse geöffnet. Wie das genau funktioniert, das zeige ich dir alles. Ich zeige es dir ganz in Ruhe in den nächsten Tagen«, sagte sie liebevoll.

»Als sei eine Schleuse geöffnet«, stellte ich mir vor. Das klang vielversprechend. Ich liebe geöffnete Schleusen.

»Es gibt einige Dinge, die du wissen, verstehen und verinnerlichen musst«, fasste Sita noch einmal zusammen. Dieses Wissen ist der Schlüssel für die Manifestation. Mit diesem Wissen kannst du dann die Erfüllung deiner Wünsche in dein Leben ziehen. Tatsächlich«, fügte sie noch hinzu, als sie meinen fragenden Blick auffing. »Ich zeige dir Schritt für Schritt, wie du das machen musst. Es hört sich komplizierter an, als es ist. In Wahrheit ist es ganz einfach. Es ist ganz leicht.«

Nachdem mich Sita mit diesen Worten etwas beruhigt hatte, sprach sie weiter: »Das Wichtigste ist zunächst einmal, dass du lernst, das Universum besser zu verstehen. Das Universum sind nämlich nicht nur die Sterne und Planeten. Das Universum ist viel mehr. Das Universum ist alles. Und das Faszinierendste ist: Es spricht den ganzen Tag mit uns. Das Universum spricht den ganzen Tag mit jedem Einzelnen von uns, auch mit dir.« Sita sah mich erwartungsvoll an.

»Ist klar«, antwortete ich etwas ironisch. »Das Universum spricht mit mir? Also, mit mir spricht es nicht. Das hätte ich ja längst bemerkt.«

»Es spricht mit dir, glaube mir«, meinte Sita verständnisvoll. »Es spricht mit jedem von uns. Du wirst das bald bemerken. Sehr bald. Du wusstest ja auch nicht, dass dein Herz so gesprächig ist.«

»Guter Einwand. Das stimmt«, gab ich zu. »Das wusste ich tatsächlich nicht.«

Sita zeigte auf all die schönen Pflanzen und Bäume um uns her: »Die sind übrigens auch alle Teil des Universums und stehen in ständigem Austausch mit ihm. Wir brauchen das jetzt aber nicht zu vertiefen. Wichtig ist eigentlich nur Folgendes: Kannst du für dich annehmen, dass du Teil dieses Universums bist? Kannst du das?« Sie sah mir tief in die Augen. »Kannst du das akzeptieren?«

»Okay!«, antwortete ich nach kurzem Überlegen. »Ja, das kann ich.« Etwas in mir wusste, dass es so ist.

»Das ist gut«, freute sich Sita. »Dann weißt du jetzt auch, dass du in Wahrheit nie getrennt oder allein bist. Dann weißt du jetzt, dass das Universum immer an deiner Seite ist. Immer.« Sie ließ das kurz bei mir setzen. »Es ist wichtig, dass du das verinnerlichst«, ergänzte sie. »Sehr wichtig sogar. Denn die Erfüllung deiner Wünsche und das Universum gehören untrennbar zusammen. Nur mit dem Universum an der Seite ist die Erfüllung deiner Wünsche möglich. Nur mit dem Universum zusammen kannst du manifestieren. Und noch viel mehr. Mit dem Universum an deiner Seite ist alles möglich. Alles!« Bei diesen Worten nickte Sita mit dem Kopf.

Kannst du dir vorstellen, was jetzt in meinem Kopf los war? Das Universum an meiner Seite. An der Seite meiner Wenigkeit! Aber es stimmt natürlich, was Sita sagte: Wir fliegen ununterbrochen im Universum herum – das war mir vorher gar nicht so bewusst.

Auch du fliegst die ganze Zeit mit. Auch jetzt, in diesem Moment, in dem du vielleicht gemütlich auf deinem Sofa chillst, fliegst du durchs Universum – genau wie ich und wir alle.

»Den Blick weiten und öffnen«, das sagte Sita noch, »ist ein wesentlicher Schritt zum Glück und zur Manifestation.«

Und dann reichte sie mir wieder einen Notizzettel, auf dem stand:

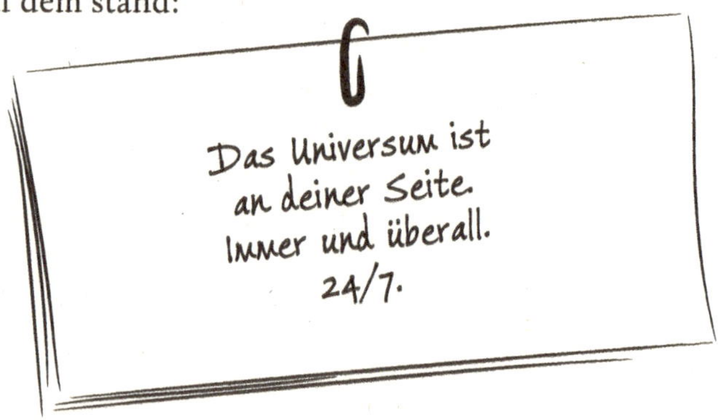

Nice! Das fühlt sich sehr, sehr schön an. Fühlst du das auch? Diese Gefühle der Wärme und Geborgenheit und der Möglichkeiten, der Freiheit und der Freude? Und auch ein wenig das Gefühl einer leisen Aufgeregtheit?

Das Universum ist an unserer Seite, an meiner und natürlich auch an deiner Seite. Stell dir mal vor, was das bedeutet?

Ich hätte plötzlich quietschen können vor Freude – mir war gerade bewusst geworden, dass sich eine neue Tür öffnet. Und was für eine. Eine Tür, durch die wir beide jetzt hindurchgehen, du und ich.

Aufregend, nicht wahr? Wir betreten einen völlig neuen Bereich.

Sita erzählte mir an diesem Abend noch so einiges über das Universum. Das war spannend. Sie erzählte zum Beispiel: »Manche Menschen denken, sie könnten sich in ihr Wohnzimmer oder in ihre Küche stellen und einfach etwas Bestimmtes beim Universum bestellen. So einfach ist es aber nicht. Diese Wünsche verpuffen oft ungehört im All oder lösen sich in Luft auf. Damit wir die Erfüllung in unser Leben ziehen können, müssen wir den, ich nenne es liebevoll, den ›himmlischen Lieferservice‹ aktivieren. Und dafür müssen wir einige Grundsätze beachten.«

Ich unterbrach Sita und fragte: »Noch mal kurz zurück: Du hast vorhin gesagt, dass das Universum den ganzen Tag mit uns spricht. Wie meintest du das? Wie spricht es denn mit uns?«

»Das Universum spricht mit uns über viele verschiedene Kanäle. Es sendet uns zum Beispiel Zeichen und Nachrichten, es spricht über andere Menschen mit uns, es schickt uns Zufälle und Ähnliches. Wenn du erst einmal etwas sensibler dafür geworden bist, dann wirst du das erkennen, dann wirst du es verstehen. Das ist sehr beeindruckend, und weißt du, was das Beste ist? Das Universum kann sogar richtig lustig sein – es hat einen einmaligen Humor. Das wirst du schon bald sehen.«

»Na, da bin ich ja mal gespannt«, sagte ich. »Hoffentlich lacht es mich nicht aus.«

Sita lachte ihrerseits und schüttelte den Kopf: »Das ist ja das Schöne: Das Universum lacht uns nie aus. Es lacht uns an. Es will nichts mehr, als dass wir unsere Wünsche erfüllen. Weißt du auch, warum es das will? Weil wir durch die Verwirklichung unserer Wünsche die Größe und den Glanz des Universums ausdrücken. Wir sind dann quasi der Beweis für die Möglichkeit der Wunder.«

»Oh, das bin ich sehr gerne – ein Beweis für Wunder«, freute ich mich. »Dafür stehe ich dem Universum gern jederzeit zur Verfügung.« Ich ließ diese Worte noch einmal in mir wirken: Ich werde ein Beweis für Wunder sein. Was für ein Tag. Gestern war ich noch ein Häufchen Elend und heute werde ich ein Beweis für Wunder. Sachen gibt's.

Sita und ich sahen noch eine Weile schweigend in die Sterne, und ich hatte das Gefühl, dass sich mein Blick schon geweitet hatte, etwas zumindest.

»Sag mal, Sita, woher weißt du das eigentlich alles?« Das interessierte mich wirklich sehr. »Woher hast du dieses faszinierende Wissen über die Wünsche und das Universum?«

»Ach, das ist eine lange Geschichte«, antwortete Sita. »Die erzähle ich dir noch. So viel schon einmal vorweg: Ich habe das studiert. Ich habe das Fach Manifestation studiert.«

»Das kann man studieren?«, fragte ich ungläubig. »Man kann Manifestation studieren? Davon habe ich ja noch nie etwas gehört. Ich glaube nicht, dass es dieses Fach an deutschen Unis gibt. Das hätte ich mitbekommen.«

Sita lächelte und erläuterte: »Erstens habe ich in einem anderen Land studiert und zweitens war ich an einer ganz besonderen Universität und genau genommen hieß das Studienfach Manifestationswissenschaften.«

Das klang ja richtig geheimnisvoll – »an einer ganz besonderen Universität«.

»Wo hast du denn studiert?«, hakte ich nach.

»An einer der ältesten Universitäten der Welt. An einer kleinen, sehr exklusiven Universität im Himalaya«, erzählte Sita und wechselte dann schnell das Thema mit einer Ankündigung: »Ich habe übrigens noch einen ganz wichtigen Tipp für dich.«

Zuerst war ich von diesem Themenwechsel nicht begeistert. Ich hätte gern noch mehr über diese geheimnisvolle Universität erfahren. Aber ich bin froh, dass Sita mir – oder besser: uns, also dir ja auch – diesen Tipp, der jetzt kommt, gegeben hat. Ich kann dir sagen, dieser Tipp ist der absolute Hammer. Der ist echt Gold wert. Dieser Tipp ist genauso gut wie die Sache mit dem Herzluftballon.

Sita gab mir dieses Mal keinen Zettel in die Hand, sondern eine etwas festere Karte, auf der etwas stand. Sie sagte: »Diese Karte beziehungsweise der Satz, der darauf geschrieben steht, wird den Verlauf deines Lebens verändern. Wenn du drei Monate jeden Morgen den Tag mit diesem Spruch, mit dieser Affirmation beginnst, dann stellst du die Weichen neu. Wie bei einem Zug: Wenn du drei Monate jeden Morgen diesen Satz sagst, dann stellst du die Weichen auf Wunscherfüllung.«

Meine Neugierde war geweckt. Sita erklärte aber erst noch weiter: »Normalerweise denkt man morgens darüber nach, was man an diesem Tag alles erledigen muss und was so alles ansteht, nicht wahr?«

Ich nickte.

»Aber damit stellt man die Weichen auf Alltag. Und was passiert, wenn man die Weichen auf Alltag stellt?«, fragte Sita und schob die Antwort gleich hinterher. »Dann fährt der Zug in Richtung Alltag. Wir wollen aber jetzt keinen Alltag, also dass alles so läuft wie bisher. Genau das wollen wir ja gerade nicht. Wir wollen ab jetzt in Richtung Wunscherfüllung. Wir wollen Next Level. Und deshalb ist es so wichtig, dass wir jetzt die Weichen in Richtung Next Level stellen. Wenn du die Weichen morgens ab jetzt auf Wunscherfüllung stellst, dann fährt dein Zug in Richtung

Erfüllung. Und genau da wollen wir ja hin. Und mit diesem Spruch gelingt dir genau das ganz mühelos.«

Jetzt war ich total gespannt und griff ungeduldig nach der Karte.

»Langsam, meine Liebe. Langsam. Geduld ist übrigens auch nicht ganz unwichtig. Aber das erkläre ich dir ein anderes Mal«, sagte Sita lachend und reichte mir endlich diese Karte. »Hier ist der Spruch.«

Auf der Karte stand geschrieben:

Drei Monate lang jeden Morgen:
»Ich weiß, dass die Erfüllung
meines Wunsches schon
unterwegs ist.
Danke, liebes Universum.«

»Ich weiß, dass die Erfüllung meines Wunsches schon unterwegs ist. Danke, liebes Universum«, las ich laut. Wow! Großartig. Was für eine tolle Energie. Ja, das fühlt sich richtig gut an. Richtig gut.

Das fühlt sich so gut an, das musst du unbedingt auch ausprobieren. Sag den Satz jetzt auch gleich einmal laut. Also, natürlich nur, wenn du gerade allein bist. Wenn du diesen Satz laut sagst, dann spürst du die Bedeutung und die Wirkung besser, als wenn du ihn nur leise liest. Also los: »Ich weiß, dass die Erfüllung meines Wunsches schon unterwegs ist. Danke, liebes Universum.« Hast du ihn gesagt? Und hast du es auch gespürt? Eine Wahnsinnsenergie, nicht wahr? Ein richtiger Türöffner-Satz.

Sita gab mir noch einen Tipp: »Häng dir diesen Spruch an den Badezimmerspiegel oder daneben. So vergisst du ihn nicht. Und jeden Morgen beim Zähneputzen sagst du dir dann diesen Satz. Du musst das aber auch eine Zeit lang durchhalten«, ergänzte sie noch. »Es nützt nicht viel, wenn du ihn mal eine Woche lang sagst und es dann wieder vergisst. Die meisten Leute bleiben nicht dran. Das ist übrigens ein Grundproblem. Die meisten Leute probieren etwas aus und nach ein paar Tagen fallen sie zurück in ihre alten Muster.«

Ich muss gestehen, ich fühlte mich ertappt. Genauso geht es mir nämlich auch oft. Ich nehme mir etwas vor und mache es dann auch, aber nach ein paar Tagen gerät es langsam wieder in Vergessenheit. Kennst du das auch? Ich weiß echt nicht, warum das so ist.

»Du musst diesen Satz mindestens drei Monate lang sagen, länger ist noch besser«, fuhr Sita fort. »Das ist wichtig. Wenn du das durchhältst, dann wirst du eine Veränderung bemerken. Du wirst bemerken, dass positive Bewegung in dein Leben kommt. Es kommt Bewegung in die Erfüllung deiner Wünsche. Dieser Satz ›Ich weiß, dass die Erfüllung meines Wunsches schon unterwegs ist; Danke, liebes Universum‹ ist ein ganz wichtiger Schlüssel für das Tor zur Erfüllung«, sagte sie nachdrücklich.

»Und noch etwas«, ergänzte Sita. »Dieser Satz hat noch einen wunderbaren Nebeneffekt. Er vertreibt deine Zweifel an der Erfüllung. Es ist nämlich so: 87 Prozent von euch bezweifeln innerlich, dass sich ihr Wunsch wirklich erfüllen wird. Darüber gibt es Studien, es ist leider die Wahrheit.«

Hm, das stimmte, da hatte sie Recht. Diese nervigen Zweifel schleichen sich immer wieder ein. Die sind wie Unkraut, die wachsen nach. Bei dir doch auch, oder? Komm, sei ehrlich.

Und ja, ich gehe morgens auch in Gedanken den Tag durch und denke daran, was ich alles tun und erledigen muss und was zu organisieren ist und wen ich anrufen muss etc. Umso großartiger ist Sitas Tipp und er ist total einfach umzusetzen. Eine Karte an den Badezimmerspiegel hängen und morgens den Satz darauf lesen – das sollten wir schaffen, oder?

»Komm morgen Vormittag um zehn Uhr in die Bibliothek«, sagte Sita noch und verabschiedete sich für die Nacht. »Das wird der nächste wichtige Schritt. Aber jetzt schlaf erst einmal gut und träum was Schönes. Und bring die Box morgen mit.«

Stimmt, die Box. Die hatte ich schon wieder ganz vergessen. Sita hatte mir am Nachmittag eine Box aufs Zimmer bringen lassen, darin waren Schere, Kleber, Stifte und Aufkleber. Ich hatte mich schon gefragt, wozu das gut sein sollte.

Eigentlich wollte ich gleich ins Bett gehen, aber ich war zu aufgekratzt und deshalb setzte ich mich noch etwas auf meinen gemütlichen Balkon und gönnte mir einen kleinen Absacker, einen köstlichen Wildberry Blue aus meiner Minibar.

What a day, dachte ich. Ich hatte gesehen, dass auf dem kleinen Schreibtisch im Erker meines Zimmers ein leeres Heft mit der Aufschrift »Hotel der Wünsche« lag. Das holte ich mir jetzt und notierte mir darin kurz die Infos von heute:

Das Universum ist immer an meiner Seite, 24/7.
Und es spricht mit mir.
Die Erfüllung meines Wunsches ist schon unterwegs.
Danke, liebes Universum.

Badezimmerspiegel. Drei Monate.

Und dann dachte ich daran, dass Sita das Fach Manifestation studiert hatte. Wie genial. Wenn es diese Studienrichtung bei uns gegeben hätte, dann hätte ich sie auch gern studiert. Stell dir das mal vor. Stattdessen habe ich mich mit Betriebswirtschaft herumgeschlagen. Tja, Manifestation – das wäre es gewesen. Ich wette, wenn das angeboten würde, würden das fast alle studieren. Du doch bestimmt auch, oder?

Aber gut. Wir nehmen, was wir kriegen können. Wir lassen uns beide jetzt einfach mal darauf ein. Und wir sehen ja dann, ob das alles stimmt, was Sita sagt. In drei Monaten wissen wir es schon. Sie hat ja gesagt, dass dann schon Bewegung in die Erfüllung gekommen sein müsste. Ich finde, drei Monate sind ein überschaubarer Zeitraum. Das schaffen wir, oder?

Wenn einer von uns versehentlich wieder in alte Muster zurückfällt, dann erinnern wir uns gegenseitig daran, abgemacht? Obwohl Sita auch gesagt hat, dass wir uns keine Sorgen machen müssten. Das Universum würde uns schon daran erinnern. Das tut es immer. Man muss eben nur zuhören. Na ja, und verstehen muss man es auch.

Da haben wir beide heute also einen neuen Freund bekommen. Einen Freund, der nicht mehr von unserer Seite weichen wird und immer für uns da ist – das wunderbare Universum.

Wenn das kein guter Tag war! Sensationell eigentlich.

Ich schaute noch lange in den Sternenhimmel, und ich meine, ich hätte für einen ganz kurzen Moment dieses Tor gesehen – das Tor zur Erfüllung.

Wenn du das nächste Mal in den Sternenhimmel schaust, dann musst du unbedingt mal darauf achten, ob du dieses Tor auch siehst. Sita hatte so eine Andeutung gemacht, dass nicht alle Menschen es sehen könnten. Aber ich bin sicher, du wirst es auch sehen. Da bin ich mir absolut sicher. Auch wenn es nur für einen winzigen Moment ist. Es lohnt sich.

In dieser Nacht schlief ich wie ein Murmeltier, wie ein glückliches Murmeltier. Auf dem Land ist es ja so was von himmlisch ruhig. Diese Ruhe kenne ich gar nicht. Bei mir zu Hause gibt es immer so ein Hintergrundrauschen. Richtige Ruhe gibt es dort nicht. Schade eigentlich. Vielleicht sollte ich mir doch lieber ein Häuschen auf dem Land wünschen ... Mit diesen Gedanken schlief ich ein und dann hatte ich wilde Studententräume. Ich träumte von der Uni und dass ich den Bachelor in Manifestationswissenschaften bestanden hätte. Alle Studierenden hielten ihr Manifestationsdiplom in den Händen und warfen bei der Abschlussfeier diese Hüte in die Luft, die man in Filmen oft sieht. Und dann tanzten und feierten wir ausgelassen unseren Abschluss. Es war ein richtig schöner Traum.

DAS (ERSTE) DRITTE GESETZ
DER WUNSCHERFÜLLUNG:

Deine Erfüllungscollage

Am nächsten Morgen wachte ich richtig glücklich auf. Ich hatte das Gefühl, ich hätte tatsächlich dieses Diplom in der Tasche. Kennst du das, wenn man einen Traum hatte, der sich total real anfühlt? Dann braucht man einen Moment, um wieder in der Realität anzukommen. Mir fiel nun alles wieder ein, was mich aber nicht weniger glücklich machte.

»Ich weiß, dass die Erfüllung meines Wunsches schon unterwegs ist. Danke, liebes Universum.« Ich befolgte Sitas Rat und begann den Tag gleich mit diesem neuen wunderbaren Satz. Ich nenne ihn Zaubersatz. Gestern Abend hatte ich mir die Karte an den Badezimmerspiegel geklebt, damit ich es bloß nicht vergesse. Zum Glück. Du glaubst nicht, was der Zaubersatz morgens für eine Wirkung hat. Es fühlt sich tatsächlich an, als würde dieser Satz den Tag vergolden. Dieser Satz verwandelt einen normalen Tag in einen Glückstag. Ja, wirklich, ich war auch überrascht. Schon während du diesen Satz aussprichst, merkst du, wie sich deine gesamte Energie erhöht. Du spürst, wie du dich innerlich mit der Erfüllung verbindest. Das kannst du im Spiegel richtig sehen.

Ich hatte das Gefühl, dass ich tatsächlich spüren konnte, wie mein neues Zuhause und mein Partner schon unterwegs zu mir sind. Unglaublich! Sita hatte recht: Dieser Satz stellt die Weichen völlig neu. Ich war richtig beflügelt. Was für ein Start in den Tag! Besser geht es nicht.

Punkt zehn Uhr betrat ich wie verabredet die Bibliothek. Ich war schon mächtig gespannt, was mich heute erwartete. Ich betrat eine wunderschöne, helle Bibliothek, nicht so eine verstaubte wie in alten Filmen. Diese hier war frisch und positiv. In der Mitte des Raumes stand ein großer, bestimmt drei Meter langer Tisch aus weißem Kiefernholz. An der rechten Seite, vor den beiden Fenstern, warteten zwei gemütliche Lesesessel: mit einem hellen Blumenstoff bezogene Ohrensessel. An den Wänden standen weiße Regale mit Hunderten von Büchern und Zeitschriften. Ein richtiger Wohlfühlraum. Hier könnte ich Stunden verbringen, dachte ich. Es war richtig schön hier.

Und dann betrat Sita den Raum und gleich wurde er noch heller und schöner. Es war, als würde die Sonne aufgehen. Das hört sich schmalzig an, es war aber wirklich so. Es war jedes Mal so, wenn diese charismatische Frau einen Raum betrat. Es gibt einfach Menschen, die bringen jede Umgebung zum Strahlen.

»Guten Morgen, meine Liebe«, begrüßte mich Sita mit einem Strahlen im Gesicht und in ihren Augen. »Was für ein wunderschöner Tag. Der perfekte Tag für unser heutiges Erfüllungsprojekt.« Dabei legte sie einen Stapel Magazine auf den Tisch.

»Wir haben ja gestern Abend darüber gesprochen, dass wir hier nicht bei ›Wünsch dir was‹ sind, sondern bei ›Wir manifestieren‹. Wir erfüllen uns unsere Herzenswünsche. Du erinnerst dich?« Sita begann sofort mit dem Unterricht. »Wünsche sind was für Weihnachten, wir machen hier etwas anderes. Etwas ganz anderes. Wir manifestieren die Erfüllung. Weißt du, was Manifestation genau bedeutet?«

»Manifestation?«, wiederholte ich. »Also, ich glaube, es gibt einige wenige Gurus und Heilige, die können manifestieren – sie können Dinge aus dem Nichts oder aus der Luft in unsere Welt ziehen. Ich habe mal gelesen, dass ein Guru einfach in die Luft griff und zum Beispiel eine Uhr und einen Radiergummi in seiner Hand hielt.«

»Okay, das ist next level. Oder sagen wir: Das ist schon Stoff vom Masterstudium«, antwortete Sita. »Hier geht es noch nicht um solche Dinge, sondern erst einmal darum, wie du die Erfüllung deiner Wünsche manifestieren kannst. Wie du also die Erfüllung in dein Leben, in deine Realität ziehen kannst. Und das bedeutet schlicht und einfach, wie die Erfüllung deiner Wünsche Wirklichkeit wird. Manifestation bedeutet, dass du die Erfüllung bewusst in dein Leben ziehst.« Sie machte eine kurze Pause. »Das schaffst du mit der Kraft deiner Gedanken und noch einigen anderen Tricks. Und mit diesen Tricks wollen wir beginnen. Damit haben wir im Studium auch begonnen«, erinnerte sie sich.

Sita hatte heute offenbar viel mit mir vor und

sprach gleich weiter: »Einer dieser Tricks, oder sagen wir vielleicht besser: eine dieser Hilfestellungen, ist die sogenannte Wunschcollage. Ihr sagt hier Vision Board dazu, nicht wahr? An meiner Universität haben wir den Begriff Erfüllungscollage verwendet. Da ist der Name Programm. Aber du kannst es nennen, wie du möchtest. Nicht der Name ist wichtig, sondern das, was es ausstrahlt.« Sie sah mich direkt an. »Hast du dich schon einmal mit dem Thema Vision Board beschäftigt?«

»Ja, das habe ich«, antwortete ich. »Ich habe sogar schon mal so eine Collage gebastelt. Aber ehrlich gesagt hat das nicht viel gebracht.«

»Ah, das freut mich«, lächelte Sita. »Also nicht, dass es nichts gebracht hat. Aber es freut mich, dass du dich schon einmal mit dem Thema beschäftigt hast. Dann müssen wir nicht bei null anfangen.« Sie überlegte. »Hast du eventuell eine Idee, warum deine Collage nicht gewirkt haben könnte?«, fragte sie dann nach.

»Nein, leider nicht. Ich habe keine Ahnung. Mir persönlich hat sie eigentlich sehr gut gefallen.«

Jetzt holte Sita einige Mappen aus den Regalen und breitete verschiedene Collagen auf dem Tisch aus. Wunderschöne Collagen. Für mich sahen sie alle wie kleine Kunstwerke aus.

»Warum ist eine Collage gut?«, fragte Sita und lieferte die Antwort gleich selbst. »Weil Bilder eine große Manifestationskraft besitzen. Man sagt ja auch: Ein Bild sagt mehr als tausend Worte. Bilder wirken wie ein Turbo-Beschleuniger für die Wunscherfüllung.« Sitas Blick prüfte, ob ich ihr folgen konnte. Dann wiederholte sie: »Bilder wirken wie ein Turbo-Beschleuniger. Eine richtig gestaltete Collage hat eine ungeheure Kraft, sie wirkt tatsächlich Wunder. Ich kenne keine ...«, und das betonte sie ausdrücklich, »ich kenne keine richtig gestaltete Collage, die nicht früher oder später Realität geworden wäre. Das ist tatsächlich so. Ich kenne keine einzige gut gestaltete Collage, die sich nicht früher oder später manifestiert hätte. Keine einzige.«

Der Nachdruck in ihrer Stimme machte mir Hoffnung, dass es auch bei mir klappen würde.

»Weißt du, warum das so ist?«, fragte sie mich. Das wusste ich natürlich nicht. Woher auch? Sita antwortete wieder selbst auf ihre Frage: »Das ist so, weil es ein Geheimnis hinter der Collage gibt.« Jetzt machte sie eine längere Pause, wohl um die Spannung zu erhöhen. »Das Geheimnis hinter der Collage ist ... die Erfüllungsenergie. Ja, es ist die Erfüllung. Jedes Mal, wenn du deine Collage anschaust, verbindest du dich mit der Erfüllung! Jedes Mal, wenn du deine Collage anschaust, denkt dein Gehirn, dein Wunsch sei schon wahr geworden. Und jetzt kommt das wirklich Interessante an der Sache. Weißt du, was dann passiert?«

Ich hatte keine Ahnung.

»Wenn dein Gehirn denkt, dein Wunsch hätte sich schon erfüllt, dann passiert etwas Großartiges: Dann erhöht sich deine Schwingung und du sendest die Frequenz der Erfüllung aus. Du sendest pure Erfüllungsenergie aus. Das Universum kann dann gar nicht anders, als auf dieser Frequenz zu antworten. Und schwupps, sind wir wieder beim Gesetz der Anziehung, dem vielleicht wichtigsten Gesetz aller Zeiten.«

Sita war kaum zu bremsen. Das war wirklich geballtes Wissen, und ich war mir nicht sicher, ob ich alles richtig verstanden hatte. Ich fragte daher vorsichtshalber nach: »Darf ich das noch mal kurz zusammenfassen, Sita? Damit ich weiß, ob ich das richtig verstanden habe.«

»Aber natürlich, sehr gern. Ich bitte dich sogar darum«, antwortete sie.

»Also, wenn ich auf meine Collage schaue, denkt mein Gehirn, dass sich mein Wunsch erfüllt hätte. Ich lege also mein Gehirn quasi rein?«, sagte ich.

Sita lachte: »So würde ich das nicht nennen. ›Reinlegen‹ hört sich etwas negativ an. Ich würde sagen, wir tricksen es etwas aus, oder noch besser: Wir helfen ein wenig nach.«

Okay, damit konnte ich gut leben.

»Es ist wichtig, dass wir das tun«, fuhr Sita fort. »Und glaub mir, hinterher ist dein Gehirn total dankbar und freut sich. Also, das Geheimnis der Wunschcollage oder Manifestationscollage ist dieses: Erfüllung zieht Erfüllung an. Und das ist wirklich ganz wichtig: Nur Erfüllung zieht Erfüllung an. Wenn du dir das merkst, nein, wenn du das verinnerlichst, dann hast du das Wichtigste verstanden. Alles, was dann noch an Wissen zur Manifestation dazukommt, baut auf dieser Erkenntnis auf. Nur Erfüllung zieht

Erfüllung an – das ist Grundwissen, wie das Einmaleins. Ohne dieses Wissen ist Manifestation nicht möglich.«

Sie reichte mir einen Zettel mit den Worten: »Das darfst du nie wieder vergessen!«

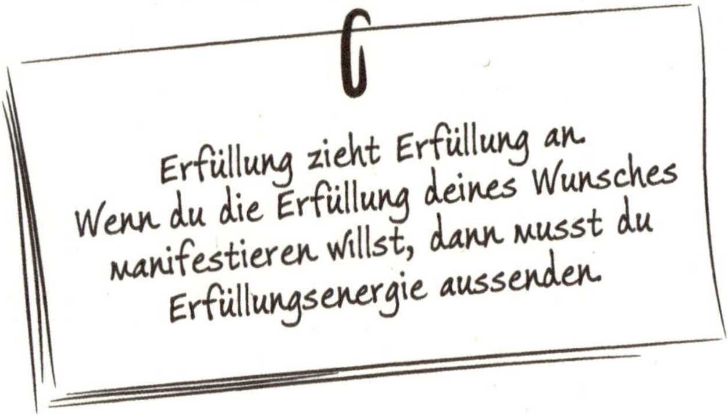

Puh! Man merkte, dass Sita fundiertes Fachwissen hatte. Das hier war kein Palaver, wie bei vielen sogenannten Experten im Internet, die einem das Blaue vom Himmel versprechen, nach dem Motto »So wirst du reich in drei Tagen« oder anderen Blödsinn. Aber Sita hatte das eben auch studiert – und das merkte man. Später erzählte sie mir, dass sie inzwischen sogar Professorin für Manifestation war. Die erste weibliche Professorin auf diesem Fachgebiet.

Weißt du eigentlich, was wir beide für ein Glück haben? Die erste weibliche Professorin der Welt – und genau die weiht uns in die Wunscherfüllung ein. Das ist so großartig! Was müssen wir für ein sensationell gutes Karma haben?

»So«, fuhr Sita im Unterricht fort, »und nun schau dir einmal die verschiedenen Collagen an. Fällt dir etwas auf?« Sita zeigte auf die vielen Vision Boards, die sie auf dem langen Tisch ausgelegt hatte.

Mir fiel auf, dass sie alle, wirklich ausnahmslos alle, sehr schön beklebt waren. Es waren kleine Kunstwerke.

»Ja, das stimmt schon, sie sehen alle schön aus«, sagte Sita, als ich meine Gedanken ausgesprochen hatte. »Aber das ist eigentlich gar nicht so wichtig. Schau noch mal genau hin. Es gibt Unterschiede. Einige dieser Collagen haben die Erfüllung viel schneller angezogen als andere. Kannst du erkennen, warum das so ist?«

Was sie mir jetzt erklärte, machte mir mit einem Schlag klar, warum es bei mir bisher nicht geklappt hatte. Hätte ich das nur früher gewusst!

»Jetzt ist immer die richtige Zeit, meine Liebe. Wahrscheinlich war die Zeit für die Erfüllung deiner Wünsche bisher einfach noch nicht reif«, sagte sie, als hätte sie wieder meine Gedanken erraten.

»Schau dir einmal diese beiden Collagen an«, fordert sie mich auf. »Was ist der Unterschied.«

»Nun ja, beide haben schöne Fotos, aber auf dieser hier ...«, ich zeigte auf eine der beiden Collagen, »... auf dieser Collage stehen noch Wörter drauf.«

»Ja, genau«, freute sie sich. »Ganz genau. Hier stehen noch Wörter drauf.« Und nun weihte sie mich in die Geheimnisse der Erfüllungscollage ein. Wir verbrachten den ganzen Nachmittag an diesem Tisch in der Bibliothek. Aber die Zeit verging wie im Flug, so spannend war das.

Wir interpretierten jede Collage, und ich musste herausfinden, warum die eine die Erfüllung angezogen hat und eine andere nicht. Ich musste sagen, welche Collage die Erfüllung am schnellsten herbeigeführt hat, also welche quasi eine Turbo-Erfüllungsenergie ausgesendet hat und so weiter. Es fiel mir wie Schuppen von den Augen. Wie unwissend ich vorher war! Dabei sind die Dinge ganz einfach. Aber man muss sie eben wissen.

Du glaubst nicht, worauf es alles ankommt. Hätte ich das nur vorher gewusst. Aber gut – die Hauptsache ist, dass ich es jetzt weiß, dachte ich immer wieder. Die Hauptsache ist, dass ich es jetzt weiß und dir weitergeben kann. Ich erzähle dir alles gleich noch genauer.

Irgendwann reichte mir Sita wieder einen ihrer Zettel. Darauf stand:

Die drei Geheimnisse einer erfolgreichen Wunschcollage:

1. die passenden Fotos zum Thema
2. mindestens ein oder zwei Fotos von dir selbst
3. die passenden Universumswörter

»Danke, Sita«, sagte ich aus tiefstem Herzen. »Danke. Bisher war mir tatsächlich nur der erste Punkt bekannt.«

Nun begann der aufregendste Teil des Tages. Ich sollte, nein, ich durfte nun endlich meine eigene Wunscherfüllungs-Collage erstellen. Und jetzt wusste ich auch, wofür die Box war, mit Schere, Kleber, Stiften und Aufklebern.

Was soll ich sagen? Es hat so einen Spaß gemacht! Und ich bin ganz glücklich mit meiner Collage. Ich liebe sie. Auch Sita war hochzufrieden. Ich weiß, dass diese Collage die Erfüllung in mein Leben bringen wird. Das ist so sicher wie das Amen in der Kirche. Ich spüre die Kraft dieser Collage. Das würdest du bestimmt auch. Man kann die Erfüllungsenergie, die sie aussendet, fast sehen, so intensiv ist sie. Spüren kann man sie auf jeden Fall. Wahnsinn. Es ist der absolute Wahnsinn.

Ich habe meine Collage mittlerweile zu Hause in die Küche über den Esstisch gehängt, damit ich sie möglichst oft anschauen kann. Sita hat mir nämlich noch gesagt: Je öfter wir unsere Erfüllungscollage ansehen, umso öfter verbinden wir uns mit der Erfüllung und umso öfter senden wir Erfüllungsenergie aus. Und je öfter wir Erfüllungsenergie aussenden, umso schneller ziehen wir die Erfüllung in unser Leben. Klar, oder?

Es ist alles so aufregend. Ich hab das Gefühl, ich kann die Erfüllung schon spüren. Ich bin richtig aufgeregt.

So und jetzt erzähle ich dir, worauf du bei der Erstellung deiner Collage achten musst. Wir basteln jetzt deine Collage zusammen, okay? Und wetten, du kannst gleich auch die Erfüllung spüren?

Theoretisch übrigens kannst du deine Collage auch digital erstellen, aber du musst sie dann trotzdem ausdrucken und noch etwas aufpeppen und personalisieren – das erzähle ich dir gleich.

Fangen wir erst einmal an. Sita hat mir geholfen, eine Anleitung für die Gestaltung einer perfekten Erfüllungscollage zu erstellen. Eine Anleitung für eine Collage, die die Erfüllung in kurzer Zeit anziehen wird. Teile daraus sind aus Sitas Uni-Skript. Hier ist sie – extra für dich:

ANLEITUNG FÜR EINE PERFEKTE MANIFESTATIONSCOLLAGE

1. Die passenden Fotos raussuchen

Nimm dir unbedingt genügend Zeit dafür. Je aussagekräftiger die Fotos sind, umso höher schwingt die Erfüllungsenergie. Am besten besorgst du dir ein paar gedruckte Zeitschriften, die zu deinem Wunsch passen. Also, wenn du eine Partnerschaft möchtest, kannst du dir Hochzeitszeitungen kaufen; wenn du eine neue Wohnung möchtest, dann Einrichtungs- oder Häuserzeitungen. Und dazu auf jeden Fall ein oder zwei Lifestyle-Magazine. Klar kannst du dir auch Fotos aus dem Netz ausdrucken. Aber in Zeitschriften stehen immer auch noch wertvolle Worte und Sätze, die wir für die Gestaltung gut gebrauchen können.

2. Klebe mindestens ein oder zwei Fotos von dir selbst auf deine Collage

Das mit den Fotos ist ja an sich nichts Neues. Das wirklich Entscheidende ist dies hier: Auf jede Wunschcollage, auf jedes Vision Board gehört mindestens ein Foto von dir selbst! Ein Foto, auf dem du glücklich aussiehst und lachst.

Das Foto von dir selbst macht den Unterschied. Und das wusste ich natürlich nicht. Woher auch? Es ist das Foto von uns selbst, das die Erfüllung schneller anzieht. Weißt du auch, warum? Wenn dein Gehirn dich selbst inmitten der Erfüllungsfotos sieht, dann verbindet es dich mit der Erfüllung. Die Erfüllung ist nicht mehr abstrakt, anonym und theoretisch, sondern es ist jetzt *deine* persönliche Erfüllung. Dieser Trick ist fabelhaft. Einfach fabelhaft.

Also such am besten ein, zwei oder besser noch drei Fotos von dir selbst aus, auf denen du glücklich aussiehst und lachst, und klebe diese Bilder in deine Collage. Es ist wichtig, dass du auf diesen Fotos glücklich aussiehst und eine positive Ausstrahlung hast. Wenn du zum Beispiel heiraten möchtest, dann schneide eine Braut aus einer Zeitung aus und klebe dein Portrait auf den Kopf der Braut, dein Gesicht. Spürst du, was das mit der Collage macht? Spürst du den Unterschied? Jetzt heiratet nicht irgendeine fremde Person, jetzt heiratest du!

Und genauso ist es mit allen anderen Wünschen. Wenn du ein neues Zuhause anziehen möchtest, dann klebe Fotos von dir in Bilder von Räumen, die du einfach nur herrlich findest. Dann sind es nicht mehr irgendwelche anonymen Räume, dann sind es *deine* Räume. Und dann denkt dein Gehirn, du würdest schon in diesen Räumen leben, und sendet die entsprechende Energie aus. Wir müssen unsere Collagen personalisieren, auf uns persönlich zuschneiden. Es ist *unsere* Erfüllungscollage. Unsere! Das ist ganz wichtig.

3. Schreib immer die drei Universumswörter auf deine Collage: Glück, Ja, Danke

Sita hat mir gesagt, dass es noch etwas ganz Wesentliches gibt. Es gibt, und das wusste ich vorher auch nicht, drei Wörter, die auf keiner Collage fehlen dürfen. Drei ganz wichtige Wörter, die sogenannten Universumswörter. Hast du schon mal von ihnen gehört? Mir waren die völlig unbekannt. Auf jeden Fall sind diese Wörter enorm wichtig, denn sie erhöhen die Erfüllungsenergie noch einmal stark. Sita meinte, diese Wörter würden das Tor zur Erfüllung regelrecht aufreißen. Diese drei Wörter lauten: Glück, Ja, Danke. Drei einfache Wörter, die den Unterschied machen. Gut, dass wir das jetzt endlich wissen.

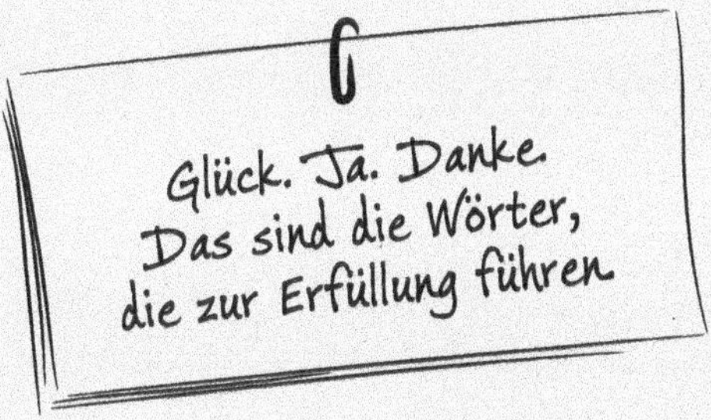

Sita erklärte mir noch, dass wir sehr gern auch noch weitere positive, schwingungserhöhende Wörter und Sätze auf unsere Collage kleben können. Wörter wie zum Beispiel: Freude, tanzen, Frieden, Sonne. Oder Sätze wie »Ich könnte tanzen vor Glück« oder »Mein Zuhause ist meine Oase« oder »Die schönste Reise meines Lebens« oder oder oder. Wichtig ist, dass diese Wörter und Sätze die Frequenz, also die Schwingung der Collage erhöhen. Je höher die Frequenz, umso näher kommen wir dem Universum, der Erfüllungs-Ebene. Jedes Wort und jeder Satz, der die Energie unserer Collage erhöht, sind wertvoll.

4. Peppe deine Collage mit passenden Aufklebern auf.

Last but not least können wir unsere Collage zusätzlich noch mit Aufklebern aufpeppen: Sterne zum Beispiel oder Kleeblätter oder Herzen oder Regenbögen. Das ist auch sehr effektiv. Wenn du ein Spirit-Tier hast, dann kannst du auch das wunderbar auf deine Collage kleben. Ich persönlich habe inzwischen sogar zwei Spirit Animals: Schmetterling und Elefant. Deshalb habe ich auf meine Collage kleine Schmetterlinge und einen kleinen Elefanten (mit Rüssel nach oben) geklebt. Fühlt sich gut an. Kann ich dir nur empfehlen.

Falls du nicht weißt, was ein Spirit Animal ist: Das ist ein Tier, das dich mit dem Universum verbindet. Es ist ein persönliches Zeichen zwischen dir und dem Universum. Es kann jedes Tier sein, ein Delfin, ein Elefant, ein Schmetterling, ein Einhorn, ein Zebra, ein Marienkäfer, eine Eule, eine Schildkröte, ein Pandabär, eine Giraffe und und und. Wenn du im Moment noch nicht weißt, welches dein persönliches Tier ist, dann bitte das Universum, es dir zu zeigen. Du wirst es bald wissen: Das Tier, das dir auf einmal auffallend häufig begegnet, ist dein Spirit-Tier. Das hat Sita mir erklärt. Sie meinte, jeder Mensch hat ein Spirit-Tier, die meisten wissen es nur nicht. Wir beide aber wissen es ja jetzt und das ist die Hauptsache.

Ich liebe meine beiden Spirit Animals inzwischen sehr, und ich bin froh, dass Sita mich darauf aufmerksam gemacht hat. Wenn ich heute eine Frage ans Universum habe und ich sehe anschließend mein Tier, dann weiß ich, dass die Antwort des Universums ein Ja ist.

Das macht so einen Spaß! Und es ist ein guter Wegweiser. Ja, das Universum spricht auch über Tiere mit uns, hat Sita mir bestätigt. Sie hat übrigens auch so ein Tier, hat sie mir verraten. Rate mal, welches das ist? Ein Löwe. Passend, oder? Sita ist nämlich genauso majestätisch wie eine Löwin, finde ich.

»Diese Erfüllungscollage ist sehr wichtig«, sagte Sita noch. »Sie ist viel wichtiger, als uns vielleicht bewusst ist. Auf den ersten Blick hat sie etwas Spielerisches, fast etwas Kindliches, aber in Wahrheit ist es etwas sehr Ernstes. Auf den zweiten Blick erkennt man ihre tiefe Bedeutung. In Wahrheit ist diese Collage nämlich der Türöffner schlechthin. In Wahrheit ist unsere Collage ein ungeheuer effektives Manifestationswerkzeug.« Das sagte sie mit Nachdruck in der Stimme. »Sie ist wie ein Bohrer, der ein Loch in die Wand bohrt, um Platz für einen tragfähigen Dübel zu schaffen. Unsere Collage ist wie ein Bohrer, der die Erfüllung in unser Leben bohrt.« Sita freute sich über ihren Vergleich. »Ja, so kann man es sagen. Sie bohrt die Erfüllung ins Leben.«

Das konnte ich mir gut vorstellen.

»Und die Collage hat noch einen wunderbaren Nebeneffekt, auch der ist nicht zu vernachlässigen«, ergänzte sie. »Sie sorgt dafür, dass wir im Universumsmodus bleiben – der beste Modus überhaupt. Im Erfüllungsmodus. Ja, ich sage dir, meine Liebe, diese Manifestationscollage hat es in sich.«

Ja, das wurde mir auch gerade klar. Diese Collage hat es in sich. Für mich war es bisher eher Spielerei. Aber so kann man sich irren. Jetzt ist aus einer scheinbaren Spielerei ein Wunscherfüllungs-Werkzeug der ersten Güte geworden.

Apropos Erfüllungsmodus: Sita hat mir noch einen super Tipp gegeben, die Erfüllungsgeste. Aber das wird vielleicht jetzt zu viel. Davon erzähle ich dir später noch. Erinnere mich aber unbedingt daran. Diese Geste ist toll und wir können sie überall einsetzen.

DAS (ZWEITE) DRITTE GESETZ DER WUNSCHERFÜLLUNG

Deine Wunsch-Formulierung

Zum dritten Gesetz der Wunscherfüllung gehört noch etwas anderes. Etwas, das ganz wichtig ist«, sagte Sita und auch das wollte sie mir unter keinen Umständen vorenthalten. Auch davon hatte ich vorher noch nie etwas gehört. Und du bestimmt auch nicht.

Wir hatten es uns inzwischen in den bequemen Ohrensesseln am Fenster gemütlich gemacht. Die einfallenden Sonnenstrahlen hüllten die Bibliothek um diese Uhrzeit in ein wunderschönes warmes angenehmes Licht. Friedlich war es hier. Ich fühlte mich rundum wohl. Und ich war glücklich mit meiner Wunscherfüllungs-Collage. Richtig happy!

Sita hatte uns inzwischen frischen Pfefferminztee gekocht und dazu noch köstliche Waffeln mit Puderzucker gezaubert. Eine Offenbarung waren die! Sie schmeckten tausendmal besser als die aus der Fertigpackung, die ich zu Hause manchmal zubereite, dachte ich, während ich mir Eckchen für Eckchen im Munde zergehen ließ. »Hmm, yammi, einfach köstlich lecker«, bedankte ich mich bei Sita.

»Weißt du, woran es übrigens noch liegen könnte, dass sich der ein oder andere deiner Wünsche bisher nicht erfüllt hat?«, fragte mich Sita.

Ich überlegte einen Moment: »Vielleicht daran, dass ich mir das Falsche gewünscht habe?«

»Das kommt auch manchmal vor, aber das meine ich jetzt nicht«, antwortete Sita. »Sehr oft liegt die Nicht-Verwirklichung an etwas ganz anderem, etwas scheinbar ganz Banalem. Die Manifestation scheitert schlicht und einfach an der falschen Formulierung. Ja, die Formulierung spielt tatsächlich eine ganz entscheidende Rolle. Denn Vorsicht, hier steckt der Teufel im Detail.«

Sita fing meinen etwas irritierten und fragenden Blick auf und begann zu erklären: »Die richtige Formulierung ist tatsächlich das A und O für die Verwirklichung unserer Wünsche. Je besser, passender und treffender deine Formulierung ist, umso schneller und effektiver ziehst du die Erfüllung in dein Leben. Da besteht tatsächlich ein wichtiger Zusammenhang. Ein sehr wichtiger sogar. Ist dein Wunsch nicht richtig oder gar falsch formuliert, zieht er nämlich womöglich etwas in dein Leben, was du so gar nicht haben wolltest. Und es kommt noch schlimmer.« Jetzt klang sie geradezu dramatisch. »Manchmal ist eine falsche Formulierung sogar wie eine Abbestellung unseres eigentlichen Wunsches! Das musst du dir mal vorstellen! Wie eine Abbestellung! Tja, der Teufel steckt hier tatsächlich im Detail.«

Manifestation, also Wunscherfüllung, und Formulierung – dass diese beiden zusammengehören, hörte ich gerade zum ersten Mal. Ich überlegte, wie sie zusammenhängen könnten: »Eine falsche Formulierung ist wie eine Abbestellung? Das verstehe ich nicht. Was genau meinst du damit? Heißt das, wenn ich meinen Wunsch falsch formuliere, dann kann ich es gleich vergessen mit der Erfüllung?«

»Ja, genauso ist es«, bestätigte Sita. »Dann kannst du die Erfüllung vergessen. Und das wäre doch sehr schade, nicht wahr?«

»Allerdings. Das wäre allerdings sehr schade.« Da konnte ich nur zustimmen.

»Stell dir mal Folgendes vor«, erklärte Sita weiter. »Stell dir vor, du würdest im Universum arbeiten, und zwar in der Abteilung Himmlischer Lieferdienst. Du arbeitest schon lange dort und weißt genau, wie die Dinge ablaufen und funktionieren. Du weißt – und das ist jetzt ganz wichtig! – du weißt, dass das Universum immer genau das ausliefert, was bestellt wird.«

Sita sah mich mit ihren wunderschönen Augen eindringlich an, wiederholte den letzten Satz und reichte mir einen ihrer Zettel. Darauf stand dieser Satz auch noch einmal geschrieben. Schien ihr ja echt wichtig zu sein:

»Das Universum liefert immer genau das aus, was bestellt wurde«, las ich laut vor.

»Genau.« Sita fuhr gleich fort: »Also stell dir einmal Folgendes vor. Du arbeitest in der Universums-Auslieferungsabteilung. Es trudelt ein neuer Wunsch ein, sagen wir von Elli aus Hamburg. Elli hat diesen Wunsch aufgeschrieben: ›Liebes Universum, ich möchte eine neue Arbeitsstelle. Danke.‹ Dieser Wunsch ist im Universum eingetroffen und Elli wartet unten auf der Erde auf die Erfüllung. Aber irgendwie tut sich nichts. Mit der Zeit ist Elli frustriert und erzählt überall herum ›Bei mir klappt das nicht mit dem Universum.‹«

Ich stellte mir gerade die beiden Ebenen vor: das Universum oben und Elli aus Hamburg eine Etage tiefer, hier auf der Erde. Ich stellte mir vor, wie Elli nach oben schaut und frustriert ist, dass ihr Wunsch nicht erfüllt wird. So ähnlich habe ich nämlich neulich auch nach oben geschaut und mich gewundert, dass die Erfüllung nicht kommt.

»In Wahrheit sieht die Sache allerdings ganz anders aus. Ganz anders. Du siehst das von hier oben aus der Universums-Auslieferungsabteilung viel besser«, sagte Sita. »Was soll das Universum, was sollst du als Mitarbeiter der Universums-Auslieferungsabteilung Elli bei dieser Wunschformulierung liefern? ›Liebes Universum, ich möchte eine neue Arbeitsstelle. Danke.‹ Eine neue Arbeitsstelle – als was? Als Kassiererin oder lieber als Kellnerin, als Managerin oder als Zoodirektorin? In Ellis Formulierung fehlt die genaue Angabe, welchen Job das Universum liefern soll – und hier fehlt noch vieles mehr«, erklärte Sita.

»Ah, interessant. Aber, Sita, weiß das Universum nicht von selber, was wir uns wünschen? Ich dachte immer, es sei allwissend«, wandte ich ein.

»Es ist allwissend, da hast du recht. Aber es funktioniert eben auch nach ganz besonderen Regeln. Wie kann ich dir das am besten erklären?«, überlegte Sita. »Okay, ich hab's: Wenn eine Ampel rot ist, musst du stehen bleiben. Wenn sie grün ist, kannst du fahren. Das ist eine Regel. An die hältst du dich. Weil du weißt, dass es sonst zu Unfällen kommen kann. Wenn du eine falsche Formulierung benutzt, ist es so, als ob du bei Rot über die Ampel fahren würdest. Verstehst du? Es gibt einfach Regeln und Gesetze. Und auch die Zusammenarbeit mit dem Universum funktioniert nach Regeln und Gesetzen.« Sie machte eine kurze Pause, und ich stellte mir gerade vor, dass mir grüne

Ampeln wesentlich besser gefallen als rote. Am liebsten mag ich es, wenn man eine grüne Welle hat, ging es mir durch den Kopf.

»Wenn wir die Regeln und Gesetze kennen und beachten, dann kann die Zusammenarbeit nichts mehr stoppen«, erläuterte Sita weiter. »Und genau in dem Moment wird das Leben erst richtig spannend. Ja, genau, dann wird es spannend. Wie gesagt, Grenzen des Möglichen gibt es nur in unseren Köpfen. Dahinter fängt der richtige Lebensspaß erst an.« Sita sprühte richtig vor Begeisterung darüber, was alles möglich ist. »Aber langsam, der Reihe nach. Jetzt erst einmal zurück zur Wunschformulierung. Schauen wir uns noch mal kurz den Wunsch von Greta aus Tübingen an. Sie wünscht sich einen netten Partner. Merkst du was?«, fragte Sita.

»Nein, wieso? Was soll ich denn hier merken? Ist doch ein legitimer Wunsch, oder?«, fragte ich zurück.

»Legitim schon, aber schau doch mal genauer hin: Auch hier fehlen wieder wichtige Informationen. Ein netter Partner kann auch ein Mann sein, der verheiratet ist und vier Kinder hat. Oder jemand, der sich nicht langfristig binden möchte. Oder jemand, der stinkefaul ist und am liebsten den ganzen Tag vor sich hindöst. Aber solche Partner will Greta wahrscheinlich nicht unbedingt. Verstehst du?«

So langsam dämmerte es mir. Das ist ja wirklich interessant, sehr interessant sogar. Und jetzt wurde mir erneut klar, warum das mit der Erfüllung meiner Wünsche bisher nicht geklappt hatte. Ich hatte mir

»eine schöne Wohnung« bestellt, dachte ich, und fasste mir an die Stirn.

»Wichtig, meine Liebe, ganz ganz wichtig ist, dass du verinnerlichst, dass das Universum nur das liefert, was du bestellst.«

»Aber Sita, warum hat das Universum mir denn dann keine schöne Wohnung geliefert? Die hatte ich ja schließlich bestellt«, fragte ich nach. »Das ist doch irgendwie unlogisch.«

»Das ist nicht unlogisch, du hast es einfach zu schwammig formuliert. Viel zu allgemein. Was ist denn eine schöne Wohnung? Was macht für dich eine schöne Wohnung aus? Da hat jeder etwas anderes im Kopf. Verstehst du?«, fragte sie. »Für den einen ist eine große Küche wichtig, für den anderen ein Südbalkon; der eine will möglichst zentral wohnen, ein anderer möglichst ruhig; der eine möchte lieber mehrere Zimmer, der andere ein riesiges Wohnzimmer. Jeder hat da etwas anderes im Kopf.«

Das musste ich zugeben.

»Wenn du ab jetzt einen Wunsch manifestieren möchtest, dann frage dich immer, ob derjenige, der deinen Wunsch oben in der himmlischen Auslieferungszentrale entgegennimmt, anhand deiner Bestellung genau weiß, was zu tun ist. Mach immer kurz den Perspektivwechsel«, riet mir Sita und redete gleich weiter: »Die Vorstellung mit der Auslieferungszentrale ist natürlich nur eine Hilfestellung. Da sitzt natürlich niemand. In Wahrheit wirkt bei der Manifestation das Gesetz der Anziehung in seiner feinsten Form. Aber gerade am Anfang ist die Vorstellung eines himmlischen Lieferdienstes hilfreich. Und irgendwo ist es ja auch in gewisser Weise ein himmlischer Lieferdienst«, lächelte Sita zufrieden.

»Okay, das klingt einleuchtend. Aber wie formuliert man nun richtig? Wie sieht die richtige Wunschformulierung denn aus, damit die Verwirklichung klappt?«, fragte ich nach. Das wollte ich echt wissen. Ich meine, das ist ja wichtig für mich und natürlich auch für dich. Nicht, dass wir die Erfüllung versehentlich immer wieder selber abbestellen, weil der Kundendienst auf weitere Infos wartet, die wir aber nicht liefern. Das wäre ja richtig blöd.

»Ach, das ist nicht so schwer, wie es sich zunächst anhört«, beruhigte mich Sita. »Zuallererst, und das ist wieder ganz wichtig, musst du wissen, dass in deiner Wunschformulierung niemals die Worte ›kein‹ oder ›nicht‹ vorkommen dürfen. Das ist wirklich ganz wichtig. Denn genau das ist ebenfalls ein sehr häufiger Grund, warum die Erfüllung bei vielen Menschen nicht klappt. Eine Verneinung ist immer eine Abbestellung! Merk dir das. Das ist wirklich mehr als wichtig. Wenn du zum Beispiel formulierst ›Ich möchte nicht krank werden‹ oder ›Ich möchte keinen Job, der stressig ist‹, was, glaubst du, passiert dann?«, fragte sie mich.

»Keine Ahnung. Was passiert denn dann?« Ich wusste es nicht.

»Es passiert das Gegenteil von dem, was du eigentlich möchtest: Du wirst krank oder bekommst eine

Arbeitsstelle, die stressig ist.« Sita zuckte mit den Schultern. »Ja, genauso ist das. Deshalb ist es ganz wichtig, dass nie – wirklich nie – die Wörter ›kein‹ und ›nicht‹ in deiner Wunschformulierung vorkommen. Hast du das verstanden?«

Das schien ihr ja wirklich sehr wichtig zu sein, so eindringlich, wie sie das mehrmals betonte und mich dabei anschaute. Ich nickte.

Und dann huschte plötzlich ein Lächeln über Sitas Gesicht: »Komm, wir machen jetzt mal ein kleines Experiment. Ich zeige dir, wozu das Wort ›kein‹ führt. Wir bestellen etwas mit ›kein‹.« Sie freute sich offenbar über ihre eigene Idee und schaute mich verschmitzt an. »Dieses Experiment mache ich übrigens auch gern mit meinen Studierenden. Das ist immer wieder sehr amüsant.«

»Oh«, freute ich mich, »ein Experiment aus der ältesten Universität der Welt. Das klingt spannend.«

»Also«, fing Sita an, »wir beide bestellen jetzt etwas mit ›kein‹. Wir beide bestellen jetzt, dass wir in den nächsten zwei Tagen keinen Flamingo sehen. Einverstanden?«

»Keinen Flamingo?«, lachte ich. »Okay, sehr gern. Da bin ich ja mal gespannt.« Das Experiment klang zwar etwas crazy, aber auch lustig. So was mag ich.

»Also dann, los geht's.« Sie reichte mir einen Zettel und sagte: »Lies das mal vor.«

Liebes Universum,
ich sehe heute und morgen
keinen Flamingo.
Danke.«

»Weißt du, was nun geschehen wird, meine Liebe?«, lachte Sita. »Du wirst einen Flamingo sehen. Das kann ich dir fast garantieren. Die Frage ist nur noch, wann und wo wir ihn sehen werden. ›Kein‹ zieht immer genau das an, was wir nicht wollen«, ergänzte Sita noch. »Immer das, was wir nicht wollen!« Mit diesen Worten überreichte sie mir schon wieder einen ihrer Zettel:

Vorsicht:
Eine Bestellung mit ›kein‹
oder ›nicht‹ ist wie eine
Abbestellung deines Wunsches.

Hm. Sehr interessant. »Ich sehe keinen Flamingo.« Na, mal schauen.

Weißt du was? Mach doch jetzt gleich mit bei diesem Experiment. Hast du Lust? Du bestellst das jetzt auch: »Liebes Universum, ich sehe heute und morgen keinen Flamingo. Danke.« Und jetzt schauen wir beide mal, wann und wo wir keinen Flamingo sehen.

Das macht mir richtig gute Laune. Manifestation studieren macht echt Spaß, finde ich.

Sita freute sich, dass ich es lustig fand, aber sie meinte, in Wahrheit ist das natürlich nicht wirklich lustig. »In Wahrheit ist das eher gefährlich«, erklärte sie. »Warum? Schau mal: Man wünscht sich versehentlich sehr oft etwas mit ›kein‹ oder ›nicht‹. Dinge, die man beseitigen möchte, die aus dem Leben verschwinden sollen. Ich gebe dir mal einige Beispiele: Ich möchte keine Geldsorgen mehr haben. Ich möchte keinen Stress mehr haben. Ich möchte nicht mehr krank sein. Ich möchte keinen Streit mehr haben. Und so weiter, verstehst du, was ich meine?«

»Upps! Diese Dinge hatte ich mir allesamt auch schon mal gewünscht. Wie tückisch. Das ist wirklich tückisch.« Jetzt verstand ich. Mir fiel ein, wie oft ich selber schon in diese Falle getappt bin. Oje, da muss man sich natürlich nicht länger über das Ergebnis wundern. Ich habe mir zum Beispiel schon tausendmal bestellt, dass ich keinen Stress mehr haben will. Ich Dummi.

»Aber, Sita«, fiel mir gerade ein. »Wie sage ich es denn stattdessen?«

»Ganz einfach. Sag, was du willst – nicht, was du nicht willst. Formuliere immer positiv«, war ihre Antwort. »Ich meine, das ist im echten Leben ja auch so. Kein Mensch sagt, wenn er einkaufen geht: Heute kaufe ich keine Kartoffeln, keinen Joghurt, keinen Käse und keine Äpfel ein. Wir schreiben auf unsere Liste, was wir wollen, und nicht, was wir nicht möchten. Stimmt doch, oder? Also mach das bei der Wunschformulierung einfach genauso. Formuliere immer positiv. In diesem Fall hieße es dann: ›Liebes Universum, ich bin so glücklich, dass ich alles in Ruhe machen kann.‹ Oder: ›Liebes Universum, mein Leben ist voller Ruhe und Harmonie.‹ Spürst du den Unterschied zwischen den beiden Formulierungen: ›Liebes Universum, ich möchte keinen Stress mehr haben.‹ Und: ›Liebes Universum, mein Leben ist voller Ruhe und Harmonie.‹ Spürst du den Unterschied? Das sind zwei völlig unterschiedliche Paar Schuhe. Das sind zwei völlig unterschiedliche Schwingungen. Der erste Satz sendet Stressenergie aus. Der zweite Satz sendet Harmonieschwingung aus.« Sita sah mich liebevoll an, als sie ergänzte: Das Geheimnis hinter der Erfüllung ist immer die gute Schwingung! Nur eine gute positive Schwingung zieht etwas Positives an. Nur eine positive Schwingung zieht die Erfüllung an. Überall auf der Welt.«

»Wow. Ja, das ist wirklich ein meilenweiter Unterschied.« Jetzt verstand ich langsam, warum die Formulierung so wichtig ist. Das eine ist Stressenergie, das andere Harmonieenergie. Superinteressant.

»Genau genommen ist die Schwingung, die deine Formulierung aussendet, wichtig«, ergänzte Sita noch. »Die Energie, die deine Formulierung aussendet. Darum geht es.«

Und, wie könnte es anders sein, reichte sie mir wieder einen ihrer Zettel:

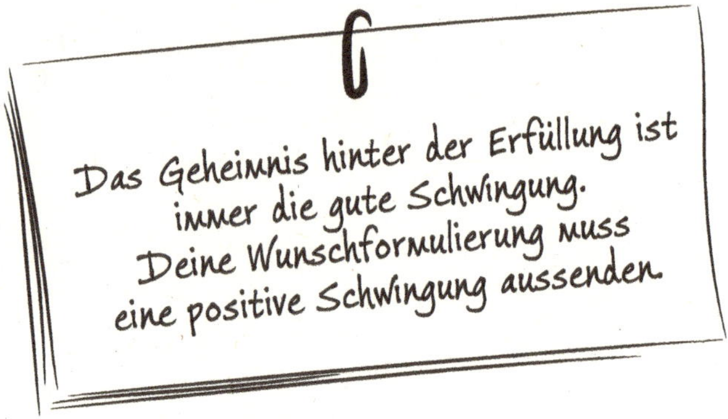

Das erklärte tatsächlich so einiges.

»Sita, eine Frage habe ich noch«, wandte ich ein. »Du hast doch gesagt, dass das Universum genau das liefert, was wir bestellen. Wenn ich ›keine Geldsorgen‹ bestelle, warum liefert es mir dann Geldsorgen?« So ganz klar war mir das doch noch nicht.

»Gut, dass du das fragst«, erkannte Sita an. »Das ist übrigens eine Frage, die mir an der Uni auch besonders oft gestellt wird. Die Antwort ist: Es liegt an dir und nicht am Universum.«

»Häh, wie, das liegt an mir? Das verstehe ich nicht.« Das leuchtete mir wirklich nicht ein.

»Pass auf, ich erkläre es dir: Wenn du ›keine Geldsorgen‹ sagst, woran denkst du dann?« Sita schaute mich prüfend an. »Woran denkst du, wenn du ›keine Geldsorgen‹ sagst?«, wiederholte sie. »Genau! Du denkst an Geldsorgen. Jeder Mensch denkt hier sofort an Geldsorgen. Und in dem Moment, in dem du daran denkst, entsteht eine Schwingung – in diesem Fall entsteht eine ›Geldsorgen-Schwingung‹. Und genau diese Geldsorgen-Schwingung sendest du aus! Und jetzt kommt wieder das Gesetz der Anziehung ins Spiel. Verstehst du? In dem Moment, in dem du an Geldsorgen denkst, zieht diese Energie noch mehr Geldsorgen an. Und genau das willst du ja aber nicht, im Gegenteil. Du willst diese Geldsorgen ja loswerden. Genau darin steckt das Problem von ›kein‹ und ›nicht‹. Dazu später noch mehr. Das muss jetzt erst einmal reichen.«

Puh! Das war eh ganz schön viel. Und in meinem Kopf war heftig was los, kann ich dir sagen. So viel Input – scheinbar ganz einfach, aber die Tragweite der Infos war der Wahnsinn.

Sita und ich sprachen aber doch noch lange über Wunschformulierungen. Es gibt so viel zu beachten. Es ist spannend. Und auch irgendwie logisch. Aber eins kann ich dir sagen, von allein wäre ich da nie draufgekommen. Was für ein Glück, dass wir Sita getroffen haben. Was für ein Riesenglück. Eine Professorin für Manifestation, auch noch die erste der Welt, die sich nur für uns Zeit nimmt.

Ich hatte dann noch die glorreiche Idee, mir einen Lottogewinn von einer Million zu wünschen. In diesem Wunsch steckte ja auch kein »kein« oder »nicht« drin. Leider machte Sita meine tolle Idee gleich wieder zunichte.

»Wünsch dir nicht den Lottogewinn, sondern wünsche dir das, was du mit ihm machen würdest«, bremste sie mich aus. »Verstehst du, was ich meine? Die Essenz dahinter ist das Wesentliche, nicht der Lottogewinn. Was würdest du mit einer Million machen? Wünsch dir das.«

»Hm, ich weiß eigentlich noch gar nicht genau, was ich mit so viel Geld tun würde. Ich hätte einfach nur gern das Gefühl der absoluten finanziellen Freiheit«, erklärte ich.

»Das ist völlig in Ordnung«, sagte sie. »Aber dann wünsche dir finanzielle Freiheit und nicht den Lottogewinn. Weißt du auch, warum? Das hat einen ganz bestimmten Grund: Du beschränkst mit dem Wunsch nach einem Lottogewinn die Möglichkeiten des Universums.«

»Ich beschränke die Möglichkeiten des Universums? Oje, das will ich natürlich auf gar keinen Fall«, sagte ich etwas erschrocken.

»Es gibt ja noch andere Möglichkeiten, wie du finanzielle Freiheit erreichen kannst. Lass dem Universum immer genug Spielraum! Das ist sehr wichtig«, erklärte Sita. »Wie gesagt, wir können gar nicht so groß denken, wie das Universum Möglichkeiten hat. Ein Lottogewinn ist viel zu eng gedacht. Glaub mir, das Universum findet immer einen Weg zur Erfüllung. Immer. Das Universum findet einen Weg, dir finanzielle Freiheit zu liefern, das ist kein Problem.«

Ein Lottogewinn ist viel zu klein gedacht, ging es mir durch den Kopf. Und für mich war es das Größte, was ich mir bisher vorstellen konnte.

Sita lachte. »Ich kann sehen, was du gerade denkst. Dein Blick ist wie ein offenes Buch. Wie gesagt, meine Liebe: Du musst lernen, viel größer zu denken. Viel viel größer.«

Ja, da hatte sie wohl recht.

»Übrigens hat mir eine Frau neulich etwas erzählt – und auch das ist wieder ein super Beispiel«, sagte Sita. »Sie hat sich einen Partner, der finanziell unabhängig ist, gewünscht. Sie hatte schlechte Erfahrungen hinter sich. Ihr letzter Partner war hochverschuldet und hatte ständig Geldprobleme. Also hat sie sich jetzt einen Partner gewünscht, der finanziell unabhängig ist. Und was ist passiert? Sie hat potenzielle Partner getroffen, die finanziell zwar unabhängig waren, aber trotzdem relativ wenig Geld zur Verfügung hatten und ziemlich eingeschränkt waren. Wir haben also die Formulierung geändert in: ... ein Partner, der finanziell gut aufgestellt ist und sich etwas leisten kann. Und dazu haben wir die Visualisierung angepasst: Die Frau hat sich jetzt vorgestellt, wie sie mit einem Partner zusammen tolle Reisen macht und schön ausgeht. Und was soll ich dir sagen? Es hat keine fünf Monate gedauert und sie hat einen wunderbaren Mann kennengelernt. Die beiden sind seitdem ständig auf Reisen und machen die tollsten Dinge. Sie passen perfekt zusammen und sind rundum glücklich. So kann das gehen.«

Sita überreichte mir einen Zettel, auf dem stand:

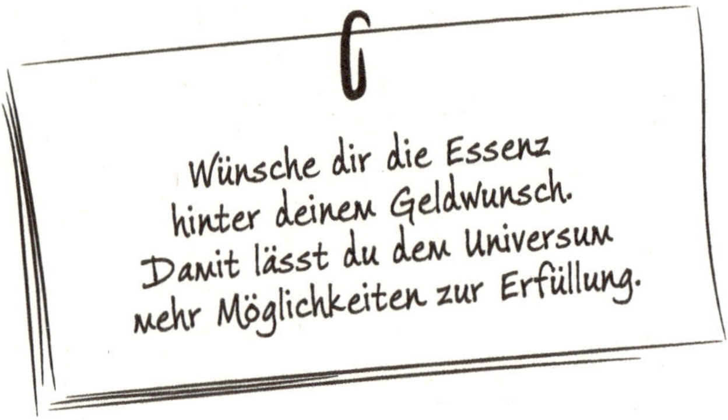

»In Ordnung, langsam verstehe ich«, versicherte ich, obwohl ich ehrlich gesagt trotzdem gern eine Million im Lotto gewinnen würde. Das sagte ich dann aber nicht mehr laut. Du würdest doch auch gerne so viel im Lotto gewinnen, oder? Ich meine, wer würde das nicht?

Ich bestelle mir das heimlich auch noch, dachte ich. Sita muss ja nicht alles wissen. Machst du mit? Aber nicht weitersagen ...

An diesem Abend offenbarte mir Sita endlich auch mehr über sich. Sie erzählte, dass sie ursprünglich aus einem wunderschönen Dorf am Rande des Himalayas stammt. Von ihrem Dorf aus konnte man entfernt die Berge sehen. Sie liebte diesen Blick und die Weite.

Himalaya, wie aufregend! Sofort schossen mir Bilder von dieser unglaublich faszinierenden Gegend in den Kopf. Wahnsinn. Ich bettelte Sita förmlich an, mir mehr zu erzählen.

»Unser Dorf ist ein ganz besonderes Dorf«, begann sie. »Es ist nicht nur wunderschön dort, es ist auch noch besonders, weil es die Heimat von einem Guru ist, einem sehr bekannten weisen Mann. In Indien kannte ihn quasi jeder. Dieser Guru liebte das Dorf und deshalb hat er eine ganz besondere Schule für uns Kinder gegründet. Diese Schule wurde schnell weit über die Grenzen hinaus bekannt: Wir Kinder lernten hier nämlich nicht nur rechnen, schreiben und lesen und das Übliche. Wir lernten auch unsere Verbindung zum Universum kennen und uns wurde anderes wichtiges Geheimwissen vermittelt.«

Sita liebte ihre Schule. Sie gehörte zu den besten Schülerinnen und deshalb wurde sie später auch auf dieser speziellen Universität angenommen. Diese Schule war praktisch ihre Eintrittskarte zu der ältesten und sagenumwobenen Universität, erfuhr ich.

Ich hätte Sita stundenlang zuhören können. Was für eine tolle Welt. So ganz anders als meine, dachte ich. Viel schöner und aufregender. Ich stehe morgens auf, gehe zur Arbeit, abends und am Wochenende treffe ich Freunde oder schaue eine Serie. Ab und zu mal ein Event oder eine Reise – wie langweilig. Irgendetwas fehlt da, dachte ich. Mein Leben kam mir auf einmal irgendwie nicht vollständig vor. Und ich erzählte Sita meine Gedanken.

»Ja, da hast du auch recht«, sagte sie. »Da fehlt auch etwas. Da fehlt die Magie. Da fehlt das Universum. In deinem bisherigen Leben gibt es nur den irdischen Teil. Aber unser Leben besteht wie eine Medaille aus zwei Seiten. Unser Leben besteht aus der irdischen Seite und der kosmischen Seite, dem Universum. Nur wenn wir diese beiden Seiten in unserem Leben integrieren, können wir rundum ausgeglichen und glücklich sein. Nur dann.«

»Ja, das muss es sein. Wir haben zwei Seiten in uns und leben nur eine. Genauso fühlt es sich an«, sagte ich berührt.

Sita gab mir noch einige Anekdoten aus ihrer Kindheit weiter und ich hing wie gebannt an ihren Lippen. Sie erzählte zum Beispiel, dass sie frühmorgens mit ihrer Mutter und ihren Geschwistern immer zuerst einige Yoga-Übungen machten, das war so üblich und das machten alle. An manchen Tagen sagte ihre Mutter anschließend: So und jetzt machen wir noch Karma-Yoga.

»Weißt du, was Karma-Yoga ist«, fragte Sita grinsend. Wusste ich natürlich nicht. »Karma-Yoga heißt putzen«, lachte sie. »Karma-Yoga bedeutete, dass ich unser Haus fegen sollte.«

Ich musste auch lachen: Karma-Yoga! Das hört sich viel cooler an als Putzen. Das mache ich ab jetzt auch. Samstags ist Yoga-Tag: Karma-Yoga-Tag. Köstlich.

Ich wollte noch etwas von Sita wissen: »Wie kommt man eigentlich aus dem Himalaya in dieses Hotel hier am See? Das ist ja nicht unbedingt naheliegend.«

»Ich bin auch deinetwegen hier, das sagte ich schon«, meinte Sita, nahm mich in den Arm und streichelte mir liebevoll über den Kopf, ein bisschen wie eine Mutter. »Deinetwegen, meine Liebe.«

»Meinetwegen«, wiederholte ich gerührt. Auch wenn ich es nicht verstand, durchströmte mich wieder dieses Gefühl tiefer Verbundenheit, und ich war einfach nur selig in diesem Moment.

»Aber jetzt geht's ab zum Matratzenball«, gähnte Sita. »Morgen ist auch noch ein Tag.«

Okay, überredet. Ich war auch müde. So viel Input!

Als ich kurze Zeit später in mein Zimmer kam, Zimmer Nummer 4, lag auf meinem Bett ein kleines Büchlein mit dem Titel »Die perfekte Wunschformulierung – der Teufel steckt im Detail«, mit einer Widmung im Innenteil: »All deine Wünsche werden sich erfüllen. In tiefer Verbundenheit, deine Sita«, stand darin in klarer Handschrift geschrieben. Huh, das ging mir durch und durch.

Und dann sah ich noch etwas: Neben diesem kleinen Büchlein lag ein weiteres, ein leeres blaues Buch und darin stand auf der ersten Seite: »Für deine Wünsche«. Daneben lag ein blauer Kuli mit der Aufschrift: »Danke, liebes Universum.«

Was soll ich noch sagen? Du kannst dir bestimmt vorstellen, wie unendlich glücklich ich war. Alle meine Wünsche werden sich erfüllen. Und wenn sich meine Wünsche erfüllen werden, dann werden sich deine Wünsche auch erfüllen. Das sind doch mal richtig gute Nachrichten.

Übrigens: In dem kleinen Büchlein, das auf meinem Bett lag, werden die Regeln für die richtige Wunschformulierung beschrieben. Ich habe da gleich mal reingeschaut. Das ist total spannend und interessant. Alles super zusammengefasst:

Formuliere nie mit »kein« oder »nicht«.

Lass dem Universum immer genug Möglichkeiten.

In deiner Formulierung muss
deine Begeisterung fühlbar sein.

Formuliere immer in der Jetzt-Form.

Denk an das Wort Danke.

Interessant, nicht wahr? Und ich wusste vorher nicht einmal, dass es Regeln für die richtige Wunschformulierung gibt. Und das hier sind nur einige. In dem Büchlein stehen noch andere spannende Regeln und auch wie wir bestimmte Fehler umformulieren. Da steht zum Beispiel dieser Tipp: »Aus: ›Ich will keinen Streit mehr mit meinem Partner‹ wird: ›Mein Partner und ich verstehen uns blendend. Wir sind ein Herz und eine Seele und lachen endlich wieder.‹«

Toll, oder? Wir müssen uns unbedingt unsere Formulierungen näher anschauen. Unbedingt. Am besten mit der imaginären Erfüllungslupe: Hat sich da irgendwo ein Fehler eingeschlichen? Das ist wichtig.

Ab jetzt müssen wir unbedingt diese versehentlichen Abbestellungen vermeiden. Alles andere wäre zu schade. Schau dir mal deine bisherigen Wünsche an. Hat sich da eventuell auch das ein oder andere »kein« oder »nicht« eingeschlichen, wie bei mir?

Hilfe! Das sollten wir gleich mal ändern. Ich schlage vor, wir nehmen unsere Wünsche jetzt gleich mal unter die Lupe, unter die Kein-und-Nicht-Lupe.

Weißt du, was ich später auch noch bemerkt habe: Sogar, wenn man das weiß, schleicht sich immer mal wieder versehentlich eins der beiden Wörter ein. Da müssen wir echt vorsichtig sein. Oder sagen wir besser: aufmerksam. Sehr aufmerksam sogar. Neulich habe ich mich dabei erwischt, wie ich mir gewünscht habe, dass ich keinen Streit mehr haben will! Als ich das bemerkte, habe ich mich gefühlt wie ein i-Dötzchen. Ein Manifestations-i-Dötzchen.

Den Tipp mit der imaginären Erfüllungslupe hat mir übrigens Sita gegeben. Wir sollen so tun, als hätten wir eine Lupe in der Hand und uns unsere Wunschformulierung durch diese Lupe noch einmal anschauen. Guter Tipp. Das machen wir.

Und kauf dir unbedingt auch ein leeres Buch, in das du deine Wünsche schreiben kannst. Sita sagte mir nämlich noch Folgendes: »Weißt du, was total interessant ist? Aufgeschriebenes erfüllt sich schneller. Viel schneller sogar.«

Sie erzählte, dass sie an ihrer Universität mehrere wissenschaftliche Studien dazu gemacht haben. Sie haben über einige Jahre jeweils zwei Gruppen gebildet. Gruppe eins hat ihren Wunsch nur mündlich gesagt. Die Mitglieder von Gruppe zwei haben ihre Wünsche schriftlich festgehalten. Das Ergebnis war mehr als eindeutig: Die aufgeschriebenen Wünsche der Mitglieder von Gruppe zwei hatten eine Erfüllungsquote von 80 Prozent. Stell dir das mal vor! 80 Prozent – das ist schon eine Hausnummer. Die Wünsche der Mitglieder von Gruppe eins haben sich nur zu 30 Prozent erfüllt.

»Wir waren damals auch erstaunt über dieses eindeutige Ergebnis«, erzählte Sita. »Deshalb haben wir dieses Experiment auch mehrmals wiederholt. Wir wollten absolut sicher sein. Wir haben dabei noch mehr herausgefunden.« Sie war sichtlich stolz auf ihre Forschungsergebnisse. »Jetzt halte dich fest! Wir haben herausgefunden, dass das schriftliche und richtige Formulieren eines Wunsches plus die dazu passende Erfüllungscollage die Erfüllung zu 95 Prozent ins Leben zieht. Der Wunsch manifestiert sich dadurch zu 95 Prozent.«

»Das ist einfach gigantisch.« Ich war beeindruckt.

Sie fügte hinzu: »Das ist, als würde man die Tür zum Universum öffnen. Nein, das ist sogar noch besser: Es ist, als würde man die Tür zum Universum aufreißen!« Sita steckte mich mit ihrer Begeisterung total an.

Na dann, reißen auch wir beide jetzt mal die Tür zum Universum auf. Ich habe da richtig Lust drauf. Hallo, liebes Universum, wir sind bereit für die Erfüllung unserer Wünsche.

Ich bin so was von bereit, dachte ich glücklich. So was von bereit. Bereiter kann man gar nicht sein. Du auch?

Liebes Universum, wir freuen uns schon.

Ach, bevor ich das vergesse. Noch etwas ganz Wichtiges: Ich habe Sita gefragt, ob man eigentlich auch etwas für andere Menschen wünschen darf. Ich habe nämlich mal irgendwo gelesen, dass man das nicht tun soll – und Sita hatte es ja auch schon mal angedeutet.

Also, es stimmt, man soll sich nichts für andere wünschen, weil man sich nicht in den Lebensplan eines anderen einmischen soll. Letztlich wissen wir nicht, was gut für den anderen ist. Wir denken zwar, wir wüssten es, aber das tun wir nicht wirklich. Dazu fehlt uns der Überblick über das große Ganze.

Aber, es gibt eine Ausnahme, hat Sita mir erklärt: Wir dürfen uns etwas Gutes für unsere Familienmitglieder wünschen, aber auf einem kleinen Umweg. Zum Beispiel so: »Ich bin so glücklich, dass meine Tochter den für sie perfekten Studienplatz bekommen hat.« Oder: »Danke, dass mein Sohn seine Berufung gefunden hat.« Oder: »Danke, liebes Universum, dass mein Partner so glücklich an seiner neuen Arbeitsstelle ist.« Oder: »Danke, dass sich meine Mutter wieder so wohlfühlt.« So in dieser Art dürfen wir uns auch etwas für andere wünschen. Ich finde, das hört sich doch gut an.

Ach, ich war gerade einfach nur glücklich. Aber so

richtig. Liebes Universum, danke für diesen wunderschönen Tag, dachte ich noch und keine fünf Sekunden später war ich schon eingeschlafen.

Danke
liebes
Universum

DAS VIERTE GESETZ
DER WUNSCHERFÜLLUNG

Deine 3G-Frequenz

Ich weiß, dass die Erfüllung meines Wunsches schon unterwegs ist. Danke, liebes Universum.« So begann ich auch den nächsten wunderschönen Tag. Es ist schon irgendwie lustig: Bis gestern war das morgendliche Zähneputzen einfach nur Zähneputzen. Jetzt ist Zähneputzen ein Glücksritual. Denn ich sage dabei diesen herrlichen Satz: »Ich weiß, dass die Erfüllung meines Wunsches schon unterwegs ist. Danke, liebes Universum.« Meine Zahnbürste wurde zum Wunscherfüllungs-Anker! Und ich hatte auf einmal eine ganz innige Beziehung zu ihr. Echt lustig. Und sehr schön.

Nach meiner Morgenhygiene ging ich mal wieder in diesem wunderbaren See schwimmen – Yoga hatte ich verpennt – und ich genoss das kühle smaragdgrüne Wasser. Ich fühlte mich wie ein Fisch in seinem Element, einfach herrlich. Das frische Wasser weckte meine Lebensgeister und das tat mir heute besonders gut. Ich hatte gestern Abend nämlich noch ziemlich lange an meinem Schreibtisch in dem kleinen Erker gesessen und versucht, meine Wünsche richtig zu formulieren. In dem kleinen Büchlein gibt es eine Checkliste und mit ihrer Hilfe kann man genau erkennen, was bei der eigenen Wunschformulierung richtig läuft und was man noch verbessern könnte. Total faszinierend. Ich persönlich finde das spannender als jeden Krimi. Ich meine, überleg mal: Wir lernen damit zu manifestieren. Wir lernen damit, die Erfüllung in unser Leben zu ziehen. Etwas Spannenderes kann ich mir nicht vorstellen.

Ich hatte dir doch von Alessios Cafémobil erzählt; das schöne schattige Plätzchen unter den Pappeln, wo ich am ersten Tag so lange gesessen hatte. Der Caffé macchiato dort schmeckte einfach göttlich. Ich packte kurzerhand meine beiden neuen Bücher und den schönen Kuli mit der Aufschrift »Danke, liebes Universum« in meine Tasche und ging los, um Alessio noch einmal einen Besuch abzustatten. Sita war heute Vormittag sowieso nicht im Hotel, sie musste irgendwelche Besorgungen machen. »Sei nicht so neugierig«, hatte sie gesagt, als ich wissen wollte, was sie vorhatte. Dann eben nicht. Dann gehe ich zu Alessio, das ist ja auch ganz nett, beschloss ich.

Ich hatte Glück: In dem Moment, in dem ich bei Alessio ankam, wurde gerade ein Tisch frei. Perfekt. Ich machte es mir bequem, breitete meine Utensilien aus und begann mich wieder ins Thema Wunschformulierung zu vertiefen. Aber leider konnte ich mich nicht richtig konzentrieren. Die Musik, die aus Alessios Radio kam, lenkte mich zu sehr ab. Italiener müssen immer Musik hören, dachte ich etwas genervt.

»Alessio, kannst du die Musik bitte etwas leiser machen«, bat ich ihn.

Aber Alessio lachte nur: »Nein, Bella. Das Radio spielt für dich.«

»Für mich?«, fragte ich erstaunt. »Mir gefällt deine Musik doch gar nicht.« Kaum hatte ich das ausgesprochen, hatte ich etwas Sorge, dass Alessio jetzt beleidigt sein könnte. War er aber nicht. Überhaupt nicht. Im Gegenteil, er setzte sich sogar zu mir an den Tisch.

»Was machst du da?«, fragte er. »Arbeitest du?«

»Nicht direkt«, antwortete ich und erzählte ihm, womit ich mich gerade beschäftigte.

Alessio war gleich Feuer und Flamme. »Wunscherfüllung, Manifestation ist mein absolutes Lieblingsthema«, freute er sich. »Ich liebe Wunscherfüllung und Glücklichsein. Glück ist mein zweiter Vorname«, sagte er etwas übertrieben. »Ich komme aus der Toskana«, erzählte er. »Und dort gibt es ein Dorf, in dem auffallend viele Hundertjährige leben. Die Leute kommen von überall, um das Geheimnis von deren langem Leben zu entschlüsseln. Die einen sagen, es läge am Olivenöl, die anderen sagen, es läge an der guten Ernährung mit viel Fisch und Gemüse.«

»Davon hatte ich auch schon mal gelesen«, erinnerte ich mich.

»Die Einheimischen selber aber erzählen noch etwas anderes Spannendes. Sie sagen ....«, und jetzt machte Alessio eine kleine Kunstpause. »Sie sagen: Entscheidend für ein langes und glückliches Leben ist, welchen Sender du einstellst!«

»Häh?« Nun war ich echt verwundert. »Das mit dem

Olivenöl und dem Fisch und dem Gemüse verstehe ich ja noch, aber was ist mit dem Sender gemeint?«

Alessio stand auf und holte das Radio. Er hatte so ein herrliches Retro-Radio. »Ganz einfach«, sagte er. »Die Leute in dem Dorf sagen immer: Ein Mensch funktioniert genauso wie ein Radio. Ein Mensch empfängt nur auf der Frequenz, die er eingestellt hat. Die meisten Menschen in Europa haben den Sender Stress und Hektik eingestellt, das sagen die Menschen in dem Dorf immer lachend. Aber sie selbst nicht. Sie haben ihre Frequenz auf Dolce Vita und Fröhlichkeit eingestellt. Und das bedeutet für sie: Gelassenheit, gute Laune, Geselligkeit, Humor«, erklärte mir Alessio.

»Spannend«, sagte ich. »Echt interessant.«

»Das Wichtigste im Leben sind gute Laune, Humor, Gelassenheit und Geselligkeit. Da sind sich die Leute in diesem Dorf zu 100 Prozent sicher. Wenn du diese vier Eigenschaften nicht hast, dann kannst du so viel Olivenöl trinken, wie du willst, es wird nichts nützen. In dieser Weise lachen sie oft über diese ganzen angereisten Besserwisser.« Alessio sah ebenfalls amüsiert aus. »Und sie halten auch nicht viel von diesen ganzen Verboten und gönnen sich auch mal ein Stück Schokolade … oder auch zwei oder drei«, erzählte er weiter. »Dann sagen sie immer diesen Spruch: Schokolade löst zwar keine Probleme, aber das tut ein Apfel ja auch nicht. Und dann lachen sie wieder.«

Ich musste schmunzeln. Das schien ja wirklich ein lebensfroher Verein zu sein.

Alessio zeigte auf sein Radio: »Ein Radio empfängt nur auf dem Kanal, der eingestellt ist. Alle anderen Sender strahlen zwar auch die ganze Zeit ihre Sendungen aus, aber man empfängt sie nicht. Genauso ist es bei uns Menschen auch: Wir empfangen nur den Sender, den wir bei uns selber eingestellt haben. Nur ihn. Und genau das ist das Problem. Die meisten Menschen haben ihren Sender nämlich leider auf Alltagskram eingestellt. Und was passiert dann logischerweise?« Er antwortete gleich selbst. »Sie empfangen nur Alltagskram.«

»Oh Mann, ich glaube, das tue ich auch«, gab ich zu. »Zumindest unter der Woche.«

Alessio meinte einfach: »Wir alle können viel von den Menschen mit dem langen Leben lernen. Vor allem, dass wir den inneren Sender auf Gelassenheit, gute Laune und Glück einstellen. Als ich das vor einigen Jahren verstanden habe, habe ich meinen Job gekündigt und mir dieses Cafémobil gekauft. Ich habe es noch keine Minute bereut«, erzählte er stolz.

Was für eine schöne Lebensgeschichte. Und ganz schön mutig. Ich meine, von Gelassenheit, guter Laune und Glück kann man ja nicht leben und die Miete bezahlen.

Oder vielleicht doch?

»Hah! Das gibt's doch gar nicht!«, rief ich einen Augenblick später. Ich glaube, ich freute mich etwas zu laut, alle guckten sofort zu mir rüber. Aber du glaubst es nicht! Gerade setzte sich eine junge Frau an den

Nebentisch. Und jetzt rate mal, was sie anhatte. Nein, echt jetzt? Ich war total überrascht: Die junge Frau hatte ein T-Shirt an, bedruckt mit einem großen Flamingo! Ich musste so lachen. Dieses Universum! Das ist ja köstlich. So viel zu unserem Experiment: Ich sehe keinen Flamingo in den nächsten zwei Tagen. Unglaublich, das alles. Und sehr beeindruckend. Ich musste einfach nur schmunzeln. Dieses verrückte Universum.

Und jetzt kam mir eine Idee. Wenn das tatsächlich so gut funktioniert mit dem Wort »kein«, dann mache ich jetzt gleich das nächste Experiment. Machst du mit? Komm, wir beide machen das jetzt einfach mal aus Spaß. Das Experiment Gehaltserhöhung: »Liebes Universum, ich bekomme keine Gehaltserhöhung. Danke.« Mal sehen, ob das auch so gut funktioniert. Ich liebe es.

Sita, die kleine Spielverderberin, erklärte mir am Abend aber noch, dass das wahrscheinlich eher nicht klappen wird. Das hat etwas mit unserer Schwingung zu tun. Wenn wir »keine Gehaltserhöhung« hören, dann sinkt sofort unsere Schwingung und die Energie und eine niedrige Schwingung zieht keine Erfüllung an. Das klingt einleuchtend.

Ich versuche es trotzdem mal. Bei mir ist nämlich nichts gesunken. Obwohl Sita meinte, ich solle doch einfach direkt eine Gehaltserhöhung manifestieren, das würde funktionieren. »Aber, sage dann auch, wie hoch die Gehaltserhöhung sein soll. Das ist wichtig«, erklärte sie noch. »Denn Vorsicht: Zehn Euro mehr sind auch eine Gehaltserhöhung. Und ich glaube, dir schwebt da ein anderer Betrag vor, nicht wahr?«

»Stimmt.« Mir schwebt da tatsächlich ein ganz anderer Betrag vor. Dir wahrscheinlich auch. Gut, dass sie uns darauf aufmerksam gemacht hat.

»Und wie formuliere ich diesen Wunsch dann am besten?«, fragte ich sicherheitshalber nach.

»Ganz einfach«, sagte Sita. »Zum Beispiel so: ›Liebes Universum, ich bin so glücklich über diese wunderbare Gehaltserhöhung von 500 Euro jeden Monat. Ich liebe meine neue finanzielle Freiheit – ich könnte tanzen vor Glück. Danke. Danke. Danke.‹ So oder so ähnlich könntest du diesen Wunsch formulieren.«

Klingt gut, dachte ich, während Sita weitersprach: »In dieser Formulierung ist alles beachtet. Sie ist genau – ›500 Euro‹ – sie ist positiv, sie ist voller Begeisterung – ›ich könnte tanzen vor Glück‹ – sie tut so, als sei der Wunsch bereits erfüllt, und enthält das Wort ›Danke‹.«

Aha, so langsam dämmerte es mir. Das ist ja tatsächlich eine kleine Wissenschaft für sich. Die Formulierungs-Wissenschaft. Sehr spannend. Und man spürt sofort diese wunderbare Energie, die man mit Sitas Formulierung aussendet, diese positive Schwingung. Sehr beeindruckend, muss ich sagen. Sehr beeindruckend. Und so langsam wurde es mir immer klarer, warum sich meine Wünsche bisher noch nicht erfüllt hatten. Das muss man ja auch alles erst mal wissen. Das hat mir ja bisher niemand gesagt!

Aber noch mal zurück zu dieser Sache mit dem Radio: Ich erzählte Sita später von dieser schönen Metapher. Sie kannte die schon seit ihrer Kindheit, denn die erzählte man sich in Indien auch. Und sie gefiel ihr auch immer noch sehr gut. Sie mochte den Vergleich von Mensch und Radio.

»Es gibt übrigens einen ganz wunderbaren Sender. Einen Sender, den alle Menschen, die gut manifestieren können, einstellen: Das ist mein absoluter Lieblingssender.«

Ich spitzte die Ohren: Sitas Lieblingssender? »Welcher Sender ist das?«

»Mein Lieblingssender ist der Erfüllungs-Sender«, sagte Sita. »Du kannst ihn auch Manifestations-Sender nennen, wenn du das möchtest. Entscheidend ist nur die Frequenz, die dahinter steckt. Wenn du deine Frequenz auf Erfüllung stellst, dann wirst du Erfüllung empfangen. Anders ausgedrückt: Wenn du deine Frequenz auf Manifestation ausrichtest, dann wirst du …?«, fragte sie und schaute mich auffordernd an.

»… Manifestation empfangen«, rief ich und Sita nickte. »Wie genial ist das denn? Statt den Sender Alltagskram einzustellen und zu empfangen, stellen wir einen neuen Sender bei uns ein, den Erfüllungs-Sender. Das klingt doch richtig gut«, freute ich mich.

»Aber«, ich dachte einen Moment nach. »Aber, Sita, wie macht man das eigentlich ganz praktisch? Ich bin ja nun mal kein Radio.«

»Du siehst zwar nicht aus wie ein Radio«, lächelte sie, »aber du bist schon ein bisschen wie ein Radio, oder sagen wir mal, du funktionierst schon nach dem gleichen Prinzip. Nach dem Prinzip: Frequenz einstellen, aussenden, Antenne ausrichten und empfangen.«

»Antenne ausrichten? Welche Antenne?«, fragte ich ein wenig überrascht und fühlte auf meinem Kopf. »Welche Antenne?«

»Langsam, meine Liebe. Eins nach dem anderen«, unterbrach mich Sita. »Zuerst erzähle ich dir jetzt noch etwas über die richtige Frequenz. Hör gut zu, das ist wichtig.« Sie klang ziemlich ernst. Das war offenbar ganz zentraler Stoff an der Uni, und Sita achtete darauf, dass dieses Wissen tief verinnerlicht wurde.

Also: »Alle Menschen strahlen auf einer bestimmten Frequenz ihre Schwingung aus. Diese Frequenz hat einen Namen: Sie heißt G-Frequenz. Hast du schon einmal davon gehört?«

»Nee, sorry. Nie gehört«, antwortete ich ehrlich. G-Frequenz – was sollte das nun wieder sein? »Ist das ein Ton?«

»Ja, aber nur in gewisser Weise«, bestätigte Sita. »Eigentlich ist es mehr eine Schwingung. Die Frequenz, die ein Mensch selbst aussendet, heißt G-Frequenz, weil sie sich aus drei Gs zusammensetzt. Man könnte sie also eigentlich auch die ›3G-Frequenz‹ nennen. Das wäre sogar noch besser«, fand Sita.

Die 3G-Frequenz – okay, aber was sollte das sein? Es hörte sich ziemlich theoretisch an, und ich hatte keine Ahnung, was sie damit meinte.

»Die 3G-Frequenz ist super einfach zu verstehen«, zerstreute Sita aber gleich meine Bedenken. »Die drei

Gs sind: unsere Gedanken, unsere Gefühle, unsere Glaubensmuster. Sie verschmelzen zu unserer Frequenz, der 3G-Frequenz.«

Oje, von wegen super einfach! Und ich dachte, die Formulierung sei schon eine Wissenschaft für sich. Jetzt gab mir Sita hier auch noch so eine Art Physikunterricht. Hilfe! Das Beste am Fach Physik damals in der Schule war, wenn diese Stunde endlich vorbei war, erinnerte ich mich. Und noch besser war es, als ich dieses Fach endlich ganz abwählen konnte.

Sita lachte über meinen Vergleich. »Wo du das schon vergleichst, würde ich sagen: Die G-Frequenz ist eine Mischung aus Physik, Psychologie und Universumskunde.«

Okay, das hörte sich schon besser an, fand ich. Psychologie und Universumskunde finde ich spannend. Na gut, dann erkläre das mal näher.

Und das tat Sita dann auch: »Also, die Qualität deiner Gedanken, deiner Gefühle und deiner Glaubensmuster bestimmt die Qualität deiner persönlichen Schwingung. Der Schwingung, die du aussendest. Das hört sich vielleicht zunächst einmal kompliziert an, ist aber in Wirklichkeit ganz einfach. Wenn deine Gedanken, Gefühle und Glaubensmuster positiv, konstruktiv und freudvoll sind, dann ist es deine Schwingung auch. So einfach ist das. Und deine Schwingung spielt eine zentrale Rolle bei der Wunscherfüllung. Am Ende ist es deine Schwingung, auf die das Universum antwortet.«

»Am Ende ist es meine Schwingung, auf die das

Universum antwortet«, wiederholte ich. »Aha, das klingt super.«

»Deine drei Gs und deine Schwingung sind immer identisch«, erklärte Sita munter weiter. »Das ist wichtig. Nun musst du wissen, dass das Universum beziehungsweise die Wunscherfüllungs-Ebene eine sehr feinstoffliche, hohe Schwingung hat. Und wenn wir uns mit dieser Ebene verbinden wollen – und das müssen wir, wenn wir die Erfüllung unserer Wünsche in unser Leben ziehen wollen –, dann funktioniert das nur, wenn wir selber auch diese hohe feinstoffliche Schwingung haben und damit auch aussenden. Andernfalls ›schwingen‹ wir und die Erfüllung aneinander vorbei. Kannst du mir folgen?« Sita sah mich fragend an. »Andernfalls schwingen wir aneinander vorbei«, wiederholte sie und malte dieses Aneinander-vorbei-Schwingen mit ihren schönen schlanken Händen in der Luft nach.

»Kannst du folgen?«, fragte sie noch einmal.

»Ich versuche es, ich versuche es.« Ich gab mir wirklich Mühe.

»Okay, ich male es dir einmal auf.« Sita holte einen Block und einen Stift und begann zu zeichnen. »Schau mal: Die Linie mit den Sternchen ist die Erfüllungs-Ebene mit ihrer sehr feinstofflichen und hohen Schwingung. Und die gestrichelte Linie ist die irdische Ebene, wo wir sind. Die ist etwas grobstofflicher, materieller. Und das bist du«, sagte sie lachend und zeichnete ein Männchen.

Sita sprach weiter: »Die Frage ist jetzt: Wie schaffen wir es, uns mit dieser Erfüllungs-Ebene zu verbinden? Da wollen wir ja hin. Und da müssen wir auch hin, wenn wir die Wunscherfüllung in unser Leben holen wollen.« Ich nickte. So weit war es klar. »Die Antwort ist«, sprach Sita weiter, »es geht nur, wenn wir unsere Schwingung angleichen.«

Sie malte weiter. »Dafür müssen wir – wir Menschen – unsere Schwingung erhöhen. Wir müssen feinstofflicher werden. Und genau das schaffen wir nur über die drei Gs, über unsere Gedanken, Gefühle und Glaubensmuster.«

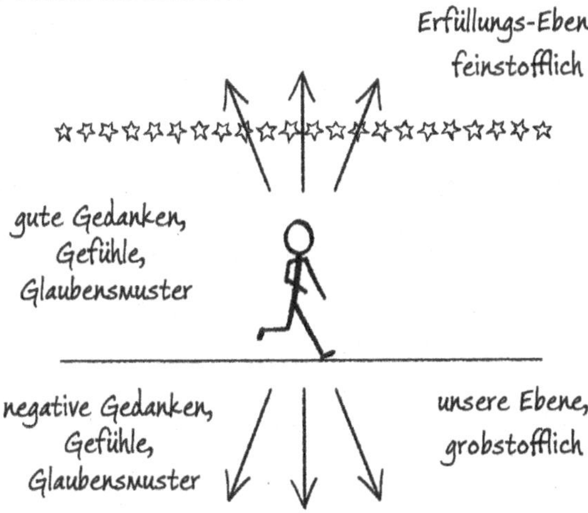

»Erkennst du den Unterschied?«, fragte Sita und zeigte auf die Zeichnungen. »Negative Gs, negative Gedanken, Gefühle, Glaubensmuster, ziehen uns in den Abgrund, in den Keller. Gute, positive Gs führen uns zum Universum. Verstehst du das?«

»Die einen ziehen uns in den Abgrund, die anderen führen uns zum Universum«, wiederholte sie. »Und wir wollen ja zum Universum! Ich meine, wer will schon freiwillig in den Abgrund oder in den Keller?«

»Stimmt«, lachte ich. »In den Keller wollen wir nicht.«

»Siehst du«, meinte Sita. »In Wahrheit können wir uns ganz einfach mit der Erfüllungs-Ebene verbinden. Alles, was wir tun müssen, ist, unsere drei Gs anzupassen. Ist das nicht wunderbar?« Sita schaute mich froh und erwartungsvoll an.

»Ja, das ist es. Das verstehe ich. Aber wie sollen wir das denn im wirklichen Leben machen?« Für mich hörte sich das Ganze etwas schwierig und theoretisch an. »Wie soll man denn im alltäglichen Leben immer gute Gedanken und Gefühle haben? Das ist nicht leicht.« Stimmt doch, oder?

Aber Sita entgegnete: »Doch, im Grunde ist es ganz einfach. Die Grunderkenntnis ist diese: Gute Gedanken, gute Gefühle, gute Glaubensmuster erhöhen unsere Schwingung und öffnen das Tor zum Universum. Negative Gedanken, Gefühle und Glaubensmuster entfernen uns davon. So einfach ist das. Aber du hast natürlich recht. Im echten Leben ist es so, dass die meisten Menschen eine Mischung aus den verschiedenen Formen haben. Nur die wenigsten haben vierundzwanzig Stunden lang drei positive Gs. Es gibt allerdings erstaunlich viele, die vierundzwanzig Stunden lang drei negative Gs haben. Das musst du mal beobachten.« Sita wartete meine Reaktion ab und sprach weiter: »Absolut erstaunlich, aber es gibt tatsächlich relativ viele Menschen, die überwiegend negative Gedanken haben und damit natürlich auch negative Gefühle und Glaubensmuster. Es gibt erstaunlich viele Menschen, die sich überwiegend in der Negativspirale aufhalten.« Dabei zeichnete Sita eine Spirale, die sich abwärts drehte, in die Luft. »Die scheinen sich da richtig wohlzufühlen. Beobachte das mal in deinem Freundes- und Bekanntenkreis. Das ist sehr interessant.«

Das würde ich tun. Und ich ahnte bereits, dass Sita recht behalten würde.

»Jetzt habe ich eine Idee«, meinte sie plötzlich freudig, weil ihr etwas eingefallen war. »Ich mache jetzt einen Test mit dir. Ich mache jetzt mit dir den sogenannten Gedankentest. Hast du Lust? Der ist toll. Das ist ein richtiger Augenöffner. Man wird sich über sich selbst klarer. Und du kennst ja den treffenden Spruch: Selbsterkenntnis ist der erste Schritt zur Besserung. Also?« Sita war ganz aus dem Häuschen.

»Ja okay, machen wir«, antwortete ich. »Sehr gern sogar.« Ich war gespannt. Augenöffner klang ja schon mal toll.

Und dann machte Sita mit mir zwei Tests – und die sind wirklich toll.

»Schließ einmal deine Augen«, begann sie. »Atme tief ein und doppelt so lange wieder aus.« Sie machte das langsame Atmen vor. »Werde ruhig und denke nun an die letzten vierzehn Tage. Denke zurück an die letzten zwei Wochen. Wie oft hattest du folgende Gedanken ... Antworte bitte ganz spontan. Spontane Antworten sind die ehrlichsten«, forderte sie mich auf. »Wie oft hattest du in den letzten vierzehn Tagen Gedanken an Probleme und Sorgen? Häufig, mitteloft oder eher selten?« Sie machte eine kurze Pause. »Und? Wie oft?«

»Mitteloft«, antwortete ich ganz spontan.

»Weiter. Wie oft hattest du in den letzten vierzehn Tagen Gedanken an deine To-dos und deine Arbeit? Oft, mittel oder eher selten?«, stellte sie die nächste Frage.

»Oft«, antwortete ich wie aus der Pistole geschossen.

»Wie oft hattest du Gedanken an schöne Dinge, an Freude und die Erfüllung deiner Wünsche? Oft, mitteloft oder eher selten?«

»Eher selten.« Auch bei dieser Antwort musste ich nicht überlegen. Leider.

Ach du je! Das ist ja wirklich interessant. Mir wurde gerade klar, dass meine Gedanken überwiegend um Probleme, Sorgen und dergleichen kreisten. Und dann dachte ich an das Tor zur Erfüllungs-Ebene und, ja, was soll ich sagen, kein Wunder, dass die Dinge bei mir sind, wie sie sind.

Sita freute sich sichtlich darüber, dass es bei mir

Klick machte. Sie meinte, man könnte richtig hören, wie bei mir die Groschen fallen. Klick, klick, klick.

Und weil dieser Test so herrlich seinen Zweck erfüllt hatte, machte Sita gleich auch noch den Gefühlstest mit mir. Wieder begann sie: »Schließe deine Augen, atme und denke an die letzten Monate: Welche Gefühle hattest du in dieser Zeit überwiegend? Wie oft hattest du Angstgefühle? Zum Beispiel Angst vor Krankheit, vorm Klimawandel oder Sonstigem? Wie oft? Häufig, mitteloft oder eher selten?« Das war die erste Frage.

Ich überlegte einen Moment, aber das machte die Sache auch nicht besser. Ich hatte ehrlich gesagt gerade in der letzten Zeit ziemlich häufig Angstgefühle. Oder sagen wir vielleicht eher: mulmige Gefühle.

Sita wartete nicht lange ab und stellte schon die nächste Frage: »Wie oft hattest du in der letzten Zeit Glücksgefühle, meine Liebe? Häufig, mittel oder eher selten?«

Oja, Glücksgefühle! Ich überlegte. Ich konnte mich aber gar nicht mehr richtig daran erinnern. Hilfe, ging es mir durch den Kopf. Echte Glücksgefühle hatte ich tatsächlich schon länger nicht mehr.

Upps! Jetzt wurde mir erst klar, dass ich viel zu häufig negative Gefühle fühle. Aber wirklich viel zu oft.

Ich armes kleines Würmchen, jetzt hatte ich richtig Mitleid mit mir selber.

»Hilfe, Sita! Und jetzt? Wie kann ich das denn ändern?«, fragte ich etwas ernüchtert.

»Kein Problem«, lachte Sita. »In drei Monaten sieht

deine Welt, auch deine innere, ganz anders aus. Wir machen aus ihr eine blühende Landschaft.« Ein schönes Versprechen. »Eine innere blühende Landschaft.«

»Oje, das wird bestimmt schwer«, seufzte ich.

»Schon wieder ein negativer Glaubenssatz«, zwinkerte Sita mir zu. »Sag niemals: Das wird bestimmt schwer. Dieser Satz bringt nichts. Denk an die Zeichnung! Dieser Satz zieht dich wohin?«, fragte sie mich.

»In den Keller!« Ja, jetzt verstand ich.

»Dieser Satz entfernt dich von der Erfüllung!«, bestätigte Sita. »Wandle ihn sofort um: Das gelingt mir leicht und mühelos. Sag das jetzt mal«, forderte sie mich auf.

»Das gelingt mir leicht und mühelos«, sprach ich laut.

»Und gleich noch einmal. Sag ihn noch einmal.«

»Das gelingt mir leicht und mühelos«, wiederholte ich etwas lauter.

»Spürst du die wunderbare Energie, die von diesem Satz ausgeht? Spürst du sie? Darauf musst du unbedingt achten. Du kennst ja das Gesetz der Anziehung: Wenn du sagst, dass es dir gelingt, dann tut es das auch. Wenn du sagst, es wird schwer, dann wird es auch schwer. So einfach ist das.« Sita schien sehr zufrieden zu sein.

So einfach kam mir das allerdings nicht vor.

»Sita, so ganz klar ist es mir aber trotzdem noch nicht. Habe ich das richtig verstanden, dass nur gute Gedanken, Gefühle und Glaubensmuster dieses Tor zur Erfüllung öffnen?«

»Ja, genauso ist es. Nur feine positive Gs öffnen das Tor zum Universum. Negative Gs entfernen dich, und jeden anderen auch, von der Erfüllung. In Wahrheit ist es so, dass dich sogar jeder einzelne negative Gedanke, jedes einzelne negative Gefühl von der Erfüllung deiner Wünsche entfernt.« Sita sprach mit großer innerer Sicherheit. »Jeder einzelne negative Gedanke, jedes einzelne negative Gefühl ist, als würdest du einen Schritt vom Tor zur Erfüllung weggehen. Und das ist definitiv die falsche Richtung! Wir wollen da ja hin und nicht weg davon. Jedes negative Gefühl, jeder negative Gedanken schlägt die Tür zur Manifestation zu. Peng.« Dabei machte Sita eine Handbewegung, als würde sie eine Tür zuwerfen.

»Oje, aber wie kann ich das schaffen? Wie kann ich verhindern, dass ich negative Gefühle und Gedanken habe? Ich kann doch nicht den ganzen Tag ›Das Leben ist ein Ponyhof‹-Gedanken denken?« Ich fühlte mich etwas überfordert. Ich meine, das Leben ist nun mal kein Ponyhof. Meins jedenfalls nicht.

»Musst du auch nicht«, beruhigte mich Sita. »Es reicht, wenn du dir bewusst wirst. Das Sich-bewusstwerden ist immer der wichtigste Schritt. Dadurch werden die negativen Gedanken, Gefühle und Glaubensmuster mit der Zeit automatisch und von ganz allein weniger und weniger. Zuerst ist es immer nur wichtig, sich über die Gedankenabläufe und Gefühle klar zu werden. Deshalb nenne ich diese Tests ja auch Augenöffner. Wenn unsere Augen geöffnet sind, dann klappt es mit der Manifestation.« Das klang hoffnungsvoll für mich. Sita sprach gleich weiter: »Stell dir mal vor, du hast deinen Wunsch richtig formuliert und eine tolle Erfüllungs-Collage erstellt – aber anschließend denkst du negative Gedanken oder fühlst negative Gefühle. Wie soll das denn dann klappen mit der Erfüllung? Das geht gar nicht. Das ist, als würdest du den Tisch decken und leckeres Essen servieren und dich dann aber unter den Tisch setzen. Das leckere Essen steht oben auf dem Tisch und du hockst unter dem Tisch«, lachte Sita und ich musste über dieses Bild ebenfalls schmunzeln. »Und genauso ist das mit der Erfüllung auch. Das Universum hat die Erfüllung serviert und geliefert, aber du hockst durch deine Gedanken und Gefühle im Keller. Das wäre doch jammerschade. Und total unnötig dazu.«

»Okay, ich will nicht unter dem Tisch hocken und im Keller schon gar nicht. Ich will da raus.« So viel war mal klar. »Also, Sita, was kann ich tun?«

Sita hatte natürlich wieder Tipps auf Lager. Ich liebe sie. Sie ist einfach wundervoll. Was sie alles weiß, unsere erste Professorin der Welt für Manifestation.

»Es gibt zwei wunderbare Tricks, wie du es schaffst, dass die negativen Gs kleiner, weniger werden. Zwei ganz wunderbare Tricks«, strahlte Sita mich an. »Und dann steht dir und deiner Wunsch-Erfüllung nichts mehr im Weg. Und ganz nebenher machen wir aus deinem Inneren, wie versprochen, eine blühende Landschaft.«

Das klang fantastisch.

»Hier sind sie – zwei Tricks, die dein Leben verändern werden.« Sita war ganz offensichtlich selber absolut fasziniert von diesen Tricks. Sie verkündete froh: »Trick 1: Der Fünf-bis-zehn-Minuten-Trick. Trick 2: Das Saatmännchen.«

»Sitas Professorinnen-Trickkiste«, lachte ich. »Das hört sich ja sehr gut an. Ich bin ganz Ohr und sehr gespannt.« Allein die Namen der beiden Tricks klangen schon vielversprechend, fand ich.

»Hast du eine Idee, was der Fünf-bis-zehn-Minuten-Trick sein könnte?«, fragte mich Sita.

Ich überlegte einen Moment: »Wenn ich fünf bis zehn Minuten höre, dann fällt mir sofort Tee ein, den man fünf bis zehn Minuten ziehen lassen soll. Ja, vielleicht handelt es sich um eine Tee-Übung oder vielleicht um eine bestimmte Teezeremonie.«

»Nein, ganz falsche Spur«, lachte Sita. »Der Fünf-bis-zehn-Minuten-Trick besagt Folgendes: Es ist ja so, dass im Alltag immer mal wieder negative Gedanken kommen. Allein durch die Nachrichten und den ganzen Input von allen Seiten. Zurzeit ist es ja besonders heftig. Auf uns prasseln so viele negative Krisennachrichten ein. Wenn du nun also merkst, dass negative Gedanken da sind, und du es nicht schaffst, dich von ihnen zu lösen, dann kommt der Fünf-bis-zehn-Minuten-Trick ins Spiel. Schau auf die Uhr und sage: Okay, ich gönne mir jetzt fünf bis zehn Minuten die negative Dröhnung. Und dann denkst du fünf bis zehn Minuten ganz bewusst deine negativen Gedanken. Und nach spätestens zehn Minuten ist Schluss damit. Danach schwenkst du sofort um. Du beendest die negativen Gedanken und denkst sofort wieder positive Gedanken.« Sita betonte: »Das ist wichtig, denn wie gesagt: Jeder negative Gedanke entfernt dich von der Manifestation.«

»Ja, okay, aber wie kann man denn dann sofort umswitchen?«, fragte ich. »Das ist ja gar nicht so einfach.«

»Doch, das ist sogar ganz einfach.« Sita lächelte. »Das ist total einfach. Denn dafür gibt es einen Zaubersatz. Einen ganz wunderbaren Zaubersatz sogar. Und der lautet: ›Danke, liebe negative Gedanken, dass ihr mich besucht habt, aber jetzt habe ich keine Zeit mehr für euch.‹ Diese Methode wirkt Wunder.«

Meine Neugier war hellwach. Das wollte ich probieren.

»Diese Methode funktioniert immer und bei jedem«, ergänzte Sita. »Das ist das Schöne. Und weißt du auch, warum?« Sita sprach gleich weiter: »Der Trick ist der Nicht-Kampf. Der Nicht-Kampf ist die Lösung. Bisher haben wir versucht, gegen unsere negativen Gedanken zu kämpfen. Aber jede Form von Kampf macht alles nur noch schlimmer. Kampf ist Murks. Kampf ist so was von überflüssig. Ich kann dir gar nicht sagen, wie absolut überflüssig er ist. Wenn die Leute wüssten, wie dämlich, verzeih mir den Ausdruck, wenn die Leute wüssten, wie dämlich jede Form von Kampf ist, niemand auf der Welt würde das noch länger tun.« Sita war hier sehr vehement. »Niemand würde noch kämpfen.«

»Aber auch Hinunterschlucken würde nichts bringen«, ging es gleich weiter. »Wenn wir versuchen, die negativen Gedanken zu unterdrücken, was würde passieren? Was geschieht mit Dingen, die wir unterdrücken?« Sita sah mich an. »Was passiert mit diesen Dingen? Sie suchen sich einen Weg und kommen wieder hoch. Unterdrückte Dinge sind wie Wasser: Sie bahnen sich einen Weg. Sie finden immer einen Weg, um an die Oberfläche zu kommen. Deshalb ist dieser Trick auch so genial: Wir geben den negativen Gedanken einfach einen Raum, einen ›Spiel-Platz‹. Und wir bestimmen den. Wir drehen die Dinge um und so haben die negativen Gedanken keine Macht mehr über uns, sondern genau im Gegenteil: Wir haben jetzt die Macht. Wir bestimmen, wann und wie oft wir die negativen Gedanken in den Fünf-bis-zehn-Minuten-Raum lassen. Wir bestimmen, wie oft wir ihnen Raum geben. Wir bestimmen. Wir zähmen unseren Negative-Gedanken-Tiger«, freute sich Sita.

»Wow! Wie genial ist das denn?« Diese Sita ist wirklich einmalig. Ich war schwer beeindruckt.

Und dann gab sie mir natürlich einen Zettel in die Hand:

> Zaubersatz zur Erfüllung:
> »Danke, liebe negativen Gedanken, dass ihr mich besucht habt, aber ich habe jetzt keine Zeit mehr für euch. Ich manifestiere jetzt.«

Ich las den Satz noch einmal laut vor: »Danke, liebe negativen Gedanken, dass ihr mich besucht habt ...« Ich musste grinsen. Coole Idee.

»Und, meine Liebe«, Sita war ja heute gar nicht zu bremsen. »Mit den Gefühlen ist es übrigens das Gleiche. Vielleicht ist die Sache mit den Gefühlen sogar noch wichtiger. Denn oft haften negative Gefühle an euch. Negative Gefühle wie Wut auf jemanden, Ärger über jemanden, eine Enttäuschung – was auch immer. Fakt ist: Negative Gefühle sind wie eine hohe Mauer zwischen dir und der Erfüllung deiner Wünsche.« Und dabei malte Sita eine bestimmt zwei Meter hohe Mauer in die Luft. »Das geht gar nicht. Und deshalb: Weg mit dieser Mauer. Weg mit den negativen Gefühlen. Möglichst schnell. Wir machen mit ihnen das Gleiche wie mit unseren negativen Gedanken: Wir geben ihnen fünf bis zehn Minuten Zeit. In diesen fünf bis zehn Minuten dürfen sie spielen und danach müssen sie sich wieder verziehen: Danke, liebe negative Gefühle, dass ihr mich besucht habt, aber ich habe jetzt keine Zeit mehr für euch. Wir zähmen diese Negativ-Gefühls-Monster. Paris, Athen, auf Wiedersehen«, lachte Sita.

Und sie reichte mir noch einen Zettel:

Zaubersatz zur Erfüllung:
»Danke, liebe negative Gefühle,
dass ihr mich besucht habt, aber ich
habe jetzt keine Zeit mehr für euch.
Ich manifestiere jetzt.«

»Paris, Athen, auf Wiedersehen«, lachte ich.

Wahnsinn. Ich war richtig geflasht. Das ist alles so einleuchtend. Wenn man sich vorstellt, dass sich negative Gedanken und Gefühle wie eine Mauer zwischen uns und die Erfüllung stellen! Ich glaube, ehrlich gesagt, meine Mauer ist ziemlich hoch und auch lang. Ich hoffe, man sieht sie nicht vom Mond, wie die chinesische Mauer. Hilfe. Ich muss das unbedingt ändern. Unbedingt. Ich sage jetzt einfach mal: »Danke, liebe Mauer, dass du da warst. Aber ich reiße dich jetzt ein.«

Ja, genauso mache ich das jetzt. Komm, wir reißen beide unsere Mauern ab. Ich reiße meine ab und du deine. Weg damit!

Ja, das fühlt sich gut an …

»Übrigens«, fuhr Sita schon wieder fort. »So wie dich negative Gefühle von der Erfüllung entfernen, so gibt es ja auch die gute Seite. Und die gute Nachricht ist, dass dich gute Gefühle mit der Erfüllung verbinden. Es gibt sogar zwei Gefühle, die regelrechte Wunscherfüllungs-Beschleuniger sind. Hast du vielleicht eine Idee, welche Gefühle das sein könnten?«, fragte mich Sita.

»Wunscherfüllungs-Beschleuniger – allein das Wort ist schon der Hammer. Ich liebe dieses Wort: Wunscherfüllungs-Beschleuniger.« Ich überlegte einen Moment und antwortete dann stolz: »Die Liebe muss dabei sein. Das Gefühl der Liebe.« Das musste es sein, da war ich ziemlich sicher.

»Das auch, aber das meinte ich nicht«, sagte Sita.

Das wunderte mich. Es steht doch überall, dass Liebe das beste aller Gefühle ist und das Einzige, was am Ende des Lebens übrig bleibt und so was.

»Ja, das stimmt auch«, sagte Sita. »Das ist auch so. Aber wir sprechen hier über die Wunscherfüllung. Wir sprechen darüber, wie du die Erfüllung deiner Wünsche schneller in dein Leben ziehen kannst. Und hierbei sind zwei andere Gefühle sehr wichtig. Zwei Gefühle, die die Erfüllung und die Verwirklichung quasi im Turbo in dein Leben ziehen. Weißt du, warum?«, fragte Sita und antwortete wieder selbst: »Weil Gefühle eine große Wirkung haben. Unsere Gefühle verpuffen nicht einfach irgendwo, nein, unsere Gefühle haben eine Wirkung. Gefühle sind neurologische Verstärker – Gefühle in jeder Form. Negative Gefühle stoßen die Erfüllung ab. Positive Gefühle ziehen die Erfüllung an. So einfach ist das.« Sie machte eine

Pause und fuhr dann fort: »Und zwei Gefühle ziehen die Erfüllung ganz besonders schnell an.«

»Sita, jetzt mach es nicht so spannend!« Langsam wurde ich ungeduldig. »Welche beiden Gefühle sind es?«

Sita lächelte. »Also gut: Diese beiden Gefühle sind Glück und Vorfreude. Diese beiden Gefühle haben eine unfassbar intensive Wirkung. Je öfter du sie fühlst, umso besser.« Sie machte eine Pause. »Jetzt wird mir gerade etwas klar«, rief sie dann, als hätte sie eine neue wissenschaftliche Entdeckung gemacht. »Wir müssen das Verhältnis umdrehen. Bisher ist es ja eher so, dass du fünf Minuten am Tag Glücksgefühle hast, wenn überhaupt, und den Rest des Tages eher diese negativen Gefühle.«

Ich fühlte mich ertappt und nickte.

»Wir sperren die negativen Gefühle in den Fünf-bis-Zehn-Minuten-Raum und sagen den anderen beiden Gefühlen, sie dürfen sich ab jetzt den ganzen Tag austoben. ›Herzlich willkommen, liebe Glücksgefühle und liebe Vorfreude-Gefühle. Schön, dass ihr da seid.« Sita klatschte dabei freudig in die Hände.

»Wie cool.« Ich freute mich von Herzen mit ihr. »Ja, liebe Glücksgefühle und Vorfreude-Gefühle, schön, dass ihr da seid. Herzlich willkommen. Fühlt euch bei mir wie zu Hause.« Das klang toll. Und so freudig!

»Wie du diese beiden Gefühle am besten für deine Wunscherfüllung nutzt, erkläre ich dir morgen noch. Ich wollte nur, dass du das schon einmal weißt.« Damit beendete Sita diese Gefühlsgeschichte erst einmal. »Halten wir aber noch einmal fest: Der Fünf-bis-zehn-Minuten-Trick kann dein ganzes Leben verändern.«

Sita fasste noch einmal zusammen:

Der Wunscherfüllungs-Turbo:

Glücksgefühle und das Gefühl der Vorfreude ziehen die Erfüllung deiner Wünsche im Turbo an.

»Der Fünf-bis-zehn-Minuten-Trick stellt die Weichen in Richtung Wunscherfüllung«, sagte sie.

Da waren sie wieder, die Weichen. Ich fing gerade an, mir vorzustellen, wie meine Glücksgefühle die Weichen umstellen, da ging's schon wieder weiter. Sita war Feuer und Flamme: »Und hier ist der zweite Trick, der dein Leben verändern wird. Der die Weichen neu stellt. Eigentlich ist es kein Trick, sondern eher eine Art Verstärkung«, kündigte sie an. »Du kennst doch bestimmt das Sandmännchen?«

»Das Sandmännchen?«, erwiderte ich ein wenig erstaunt. »Ja, klar kenne ich das Sandmännchen. Ich liebte es sogar. Als Kind habe ich es jeden Abend um 18 Uhr im Fernsehen geschaut. Jeden Abend«, erinnerte ich mich. »Ohne das Sandmännchen wollte ich nicht schlafen gehen.«

»Wunderbar«, freute sich Sita. »Dann weißt du ja, dass das Sandmännchen den Kindern Sand in die Augen streut, damit sie einschlafen können. Das Sandmännchen schließt uns also die Augen.«

»Ja, das Sandmännchen streut allen Sand in die Augen«, rekapitulierte ich.

»Und wir machen jetzt das Gegenteil«, verkündete Sita freudig. »Dafür verwandeln wir das Sandmännchen. Wir machen aus dem Sandmännchen ein Saatmännchen.«

»Ein was?«, fragte ich verblüfft. »Ein Saatmännchen?«

»Ja genau, für dich kommt ab jetzt das Saatmännchen.«

»Das Saatmännchen? Das habe ich noch nie gehört.« Hast du schon einmal von einem Saatmännchen gehört? Bestimmt auch nicht, oder?

»Das Sandmännchen schließt die Augen. Das Saatmännchen öffnet sie. Wir machen aus Sand Saat«, lachte Sita. »Natürlich ist das kein wirkliches Männchen. Die Vorstellung dient nur als Hilfestellung. Jeden Abend, wenn du ins Bett gehst, dann denke kurz an das Saatmännchen: Schau, was du an diesem Tag gesät hast. Hast du Erfüllung gesät, hast du die Weichen auf Erfüllung gestellt? Waren deine Gedanken, Gefühle, Taten positiv und auf Erfüllung ausgerichtet? Hattest du deinen Sender richtig eingestellt?«

Ganz schön viele Fragen. Aber einleuchtend.

»Denk daran«, machte Sita gleich weiter. »Wenn wir Erfüllung in unser Leben ziehen möchten, dann müssen wir Erfüllung aussenden. Das Saatmännchen ist der Trick. Wenn du dir vornimmst, jeden Abend kurz zu schauen, was du an dem Tag gesät hast, dann wirst du diesen Vorsatz vermutlich nach ein paar

Tagen wieder vergessen. Wenn du aber denkst, dass das Saatmännchen kurz vorm Einschlafen vorbeikommt, dann hält das oft ein Leben lang. Und das ist ganz wunderbar. Du und das Saatmännchen«, lächelte Sita, »das ist der Beginn einer wunderbaren und fruchtbaren Verbindung.«

Diese Sita, staunte ich einmal mehr. Was die sich alles einfallen lässt!

Aber gut, warum eigentlich nicht? Ich nahm mir vor, das Saatmännchen auch mal zu treffen. Man kann es ja mal ausprobieren, dachte ich.

Und soll ich dir was sagen – erzähle es aber bitte nicht weiter: Ich treffe das Saatmännchen inzwischen jeden Abend. Und ich habe es richtig lieb gewonnen – wir sind mittlerweile wirklich richtig gute Freunde. Es öffnet tatsächlich die Augen. Dadurch ist mir erst einmal klar geworden, was ich so alles säe während eines Tages. Und glaub mir, das hatte mit Erfüllung wenig zu tun. Aber es wird besser – von Tag zu Tag wird es besser. Aber ich habe ja jetzt auch Unterstützung.

Danke, liebes Saatmännchen. Danke fürs Augenöffnen.

Ich finde das alles total spannend. Und es ist alles auch total logisch. Wie konnten wir nur bisher glauben, unsere Wünsche könnten sich erfüllen, ohne dass wir etwas dafür tun? Wir waren ja ein bisschen naiv, musste ich feststellen.

Für mich ist übrigens seit jener Zeit jedes Cafémobil und auch jeder Eiswagen eine Erinnerung an die Sache mit dem Radio. Jedes Mal, wenn ich eins dieser Mobile sehe, checke ich kurz, ob ich noch den richtigen Sender eingestellt habe. Neulich habe ich an einem Tag gleich fünf dieser Wagen gesehen – da wusste ich, das Universum will mich wieder auf den richtigen Weg führen. Lustig, das Universum spricht sogar über Cafémobile mit uns. I love it.

An diesem Abend blieb ich noch lange im Garten sitzen. Dieser Garten war so zauberhaft gestaltet. Überall gab es wunderschöne idyllische Plätze. Es gab sogar einen kleinen Teich mit herrlichen Seerosen und Kois, das sind diese hübschen japanischen Fische. Der Teich war auch ganz dezent beleuchtet – es sah aus wie in einem Märchen, so zauberhaft und schön. Der ganze Garten war einfach wundervoll beleuchtet. Im hinteren rechten Abschnitt zum Beispiel stand ein eindrucksvoller alter Baum. Und auch dieser Baum war angestrahlt – von unten strahlte ein warmes gelbes Licht bis hinauf in die oberen Äste. Einfach himmlisch schön.

Diesen Baum nannte Sita übrigens »Buddhas Baum«. Weißt du, warum? Es gibt eine alte Zeichnung, da sitzt Buddha auf einer seiner Reisen unter genauso einem Baum. Buddha liebte es ja, im Schatten unter Bäumen zu sitzen. Sita setzte sich oft unter diesen Baum – sie meinte, dass sie dort die Kraft Buddhas spüren würde. Und es erinnerte sie daran, wie sie als Kinder im Schatten des Dorfbaumes gesessen hatten und den Geschichten des heiligen Gurus lauschten. Das hatten sie geliebt. Stundenlang konnten sie ihm zuhören. Stundenlang, erinnerte sich Sita an ihre Kindheit.

An diesem Abend setzte ich mich aber mal nicht unter den Baum, sondern auf die Bank, die an dem Teich stand. Dort hatte ich bisher noch nicht gesessen. Ein herrlicher Platz, ich schaute den Fischen zu. Sehr entspannend. Fische haben ja wirklich eine beruhigende Wirkung. Vielleicht wäre ein Aquarium was für mich?, überlegte ich kurz – und dann sprangen meine Gedanken mal wieder vom Hölzchen aufs Stöckchen.

Kennst du das auch? Das geht mir total oft so. Der erste Gedanke war zum Beispiel das Aquarium, dann kam der Gedanke, wer die Fische füttern soll, wenn ich im Urlaub bin, und schwupps war ich in Gedanken im Urlaub auf einer griechischen Insel, trank Ouzo und tanzte Sirtaki. Ich bin dann aber vom Sirtaki irgendwann wieder zurück in diesen Tag getanzt und ging in Gedanken noch einmal alles, was Sita mir beigebracht hatte, durch. Das war schon der Wahnsinn. Dagegen ist Sirtaki fast langweilig.

Wo wir hier aber gerade so gemütlich am Teich sitzen, würde ich jetzt gern mit dir auch mal diese Augenöffner-Tests machen. Ich fand die beiden wirklich toll, und ich glaube, sie werden dir auch gefallen. Hast du Lust? Wunderbar, dann legen wir los:

DER GEDANKENTEST

Ich stelle dir Fragen und du musst antworten – aber bitte auch spontan. Du hast ja gehört, was Sita gesagt hat: Spontane Antworten sind die ehrlichsten. In Ordnung? Ach, und nimm dir einen Stift. Du kannst ja hier ankreuzen, das konnte ich nicht.

Bist du bereit? Also: Schließe deine Augen und atme tief ein und doppelt so lange wieder aus. Komm zur Ruhe und denke nun an die letzten vierzehn Tage. Wie oft hattest du folgende Gedanken:

	häufig	mitteloft	selten
Gedanken an Probleme			
Gedanken an schöne Dinge			
Gedanken an To-dos			
Sorgengedanken			
Gedanken über den Zustand der Welt			
Gedanken über Politik			
Gedanken an die Erfüllung deiner Wünsche			

Gedanken über andere			
Gedanken über dich selbst			

Das ist krass, oder? Bist du auch überrascht? Ich war mir über die Häufigkeit meiner negativen Gedanken nicht klar. Geht dir das auch so? Dieser Test öffnet tatsächlich die Augen. Ich liebe ihn.

Ich habe mir schon überlegt, dass ich den jetzt mit mir selbst auch hin und wieder mal machen kann. Einfach, um nicht wieder in die alten Gewohnheiten zurückzufallen.

Und den Gefühlstest auch. Das mit den Gefühlen kann man nämlich auch nicht oft genug abchecken. Komm, den mache ich jetzt auch gleich mal mit dir, es ist so eine schöne Sommernacht heute.

Bist du wieder bereit?

DER GEFÜHLSTEST

Dann atme noch mal tief ein und doppelt so lange wieder aus und stell dir nun die letzten drei Monate vor. Wie oft hattest du diese Gefühle?

	häufig	mitteloft	selten
Sorgengefühle			
Angstgefühle vor Krankheit			
Angstgefühle vor Klimaerwärmung			
Angstgefühle vor Jobverlust			
Angstgefühle um andere			
Glücksgefühle			
Freudegefühle			
Ärgergefühle			
Frustgefühle			
Vorfreudegefühle			

Interessant, diese Tests, nicht wahr? Besonders, wo wir jetzt wissen, dass uns Sorgengefühle nicht in Richtung Erfüllung unserer Wünsche führen, sondern leider in den Keller.

Mann oh Mann – da müssen wir echt aufpassen. Da müssen wir verdammt aufpassen. Wir wollen schließlich manifestieren.

Falsch – ich denke schon wieder falsch. Wir müssen ja ganz anders denken. Wir müssen ja positiv formulieren: »Wir werden manifestieren und die Erfüllung anziehen. Das gelingt uns leicht und mühelos.«

Ja, so ist es schon besser. Viel besser.

P.S.: Richte deiner Zahnbürste morgen früh liebe Grüße von mir aus.

DAS FÜNFTE GESETZ
DER WUNSCHERFÜLLUNG

Stell es dir vor

Guten Morgen.«

Es klopfte an meiner Tür.

»Einen wunderschönen guten Morgen!« Sita kam strahlend wie eine Göttin in mein Zimmer, mit einem großen Frühstückstablett in den Händen und einer Blume im Haar.

»Ich hoffe, du hast gut geschlafen?«, begrüßte sie mich freudig. »Heute gibt es Frühstück auf deinem Balkon. Jeder Gast bekommt an einem Tag während seines Aufenthaltes Frühstück aufs Zimmer gebracht. Das ist im Service inbegriffen«, erklärte sie.

»Oh, wie schön«, freute ich mich, noch etwas verschlafen. »Was für ein toller Service! Das ist wirklich ein Hotel, das keine Wünsche offenlässt«, dankte ich Sita.

»Ich würde dir heute gern etwas über das fünfte Gesetz der Wunscherfüllung erzählen«, kündigte sie ohne lange Umschweife an. »Wenn du magst, können wir uns gegen 15 Uhr auf der Hollywoodschaukel im Garten treffen.«

Und ob ich das wollte! »Ja, sehr, sehr gern«, rief ich. Ich freute mich schon riesig. »Das fünfte Gesetz«, das hörte sich spannend an und für Wunscherfüllung bin ich sowieso immer zu haben.

15 Uhr, wunderbar – so hatte ich auch noch etwas Zeit für mich.

Aber da sprach Sita schon weiter: »Wenn du Lust hast, dann würde ich dir heute Vormittag gern noch etwas zeigen.«

»Was denn?«, fragte ich neugierig.

»Das ist eine Überraschung«, sagte sie geheimnisvoll. »Um 11.30 Uhr am Hoteleingang, in Ordnung?«

»Klar. Ich freue mich.« Ein Ausflug mit Sita war immer toll!

Und sogar jetzt hatte ich noch etwas Zeit für mich und beschloss, mich nach dem Frühstück ein bisschen zu bewegen. Im Hotel gab es vier Fahrräder, die man sich kostenlos ausleihen konnte. Total nett, fand ich. Ich suchte mir das blaue Fahrrad aus und los ging's. Ich umrundete tatsächlich den ganzen See. Das war herrlich. Der See war ziemlich groß, jedenfalls war der Weg länger, als ich dachte, und die Tour hat insgesamt fast eineinhalb Stunden gedauert, aber es war einfach nur wunderschön. Es waren nur wenige andere Leute unterwegs, nicht so wie an einem Wochenende, und ich konnte in Ruhe vor mich hinradeln und den See genießen. Allerdings glaubst du nicht, was ich später für einen Muskelkater in den Waden hatte! Als hätte ich an der Tour de France teilgenommen und die schwierigste Bergetappe absolviert – dabei bin ich nur um den See geradelt, ich Sportskanone. Na ja, nobody is perfect.

Etwas erschöpft, aber insgesamt ganz zufrieden mit mir, fand ich mich, wie verabredet, um Punkt 11.30 Uhr in der Lobby ein. Sita erwartete mich schon.

»Es gibt einen wunderschönen Ort hier ganz in der Nähe«, begann sie. »Den möchte ich dir unbedingt zeigen. Es ist auch nicht weit, eine gute viertel Stunde zu Fuß vielleicht.«

Ich war erleichtert. Eine viertel Stunde würden meine Waden noch schaffen, dachte ich froh.

Als wir gerade zur Tür gehen wollten, da fiel Sita etwas ein.

»Stopp«, rief sie. »Ich muss dir unbedingt noch eine ganz wichtige Sache mitgeben.« Sie war offenbar froh, dass ihr das eingefallen war. »Es gibt eine ganz wunderbare Affirmation, die du unbedingt kennen musst: Das ist die sogenannte Türklinken-Affirmation.«

»Die Türklinken-Affirmation? Was ist das denn?« Das klang ja interessant und auch wieder mal so richtig nach Sita. Allein das Wort: Türklinken-Affirmation. Dabei musste ich schon grinsen.

»Also die Türklinke ist eher der Glücksanker für diese Affirmation«, erklärte Sita. »Die Türklinke ist die Erinnerung daran, dass wir die Affirmation nicht vergessen. Diese Affirmation ist so besonders, weil sie zwei Dinge gleichzeitig macht: Sie beschützt dich und sie führt dich.«

»Das hört sich spannend an.« Ich war ganz Ohr.

»Also«, begann Sita und nahm die Türklinke in die Hand. »Jedes Mal, wenn du dein Zuhause verlässt und die Türklinke deiner Wohnungstür in der Hand hältst, so wie ich jetzt gerade, dann sagst du diese Affirmation: ›Ich bin immer zur richtigen Zeit am richtigen Ort.‹ Diese Affirmation hat eine ungeheuer starke Wirkung.«

Und sie klang wundervoll!, dachte ich.

Sita sprach weiter: »Sie legt sich zuerst einmal wie ein Schutzmantel um dich und sorgt dafür, dass du immer sicher unterwegs bist. Sie beschützt dich und sorgt dafür, dass du nicht versehentlich dort bist, wo etwas Ungutes passiert. Und der zweite, nicht weniger wichtige Aspekt ist der, dass diese Affirmation dafür sorgt, dass du immer genau dort bist, wo du sein sollst. Wenn du diese Affirmation häufig sagst, dann wirst du bereits nach drei Wochen merken, dass du tatsächlich immer richtig zu sein scheinst. Das ist total bemerkenswert! Du bist da, wo Entscheidungen getroffen werden, oder da, wo du ›zufällig‹ von der neuen Wohnung erfährst, oder oder oder. Diese Affirmation führt dich zuverlässig dorthin, wo du sein sollst.« Sita war offensichtlich ganz angetan von dieser Türklinken-Affirmation und hatte sie – Überraschung – bereits für mich aufgeschrieben:

Die wunderbare Türklinken-Affirmation:
»Ich bin immer zur richtigen Zeit
am richtigen Ort.«

Klingt absolut super, finde ich. Der Tipp ist richtig gut. Und wieder so simpel. Das machen wir jetzt auch mal drei oder vier Wochen lang – bist du dabei?

Ich fing gleich damit an, nahm die Türklinke in meine Hand und sprach diese wunderbare Affirmation: »Ich bin immer zur richtigen Zeit am richtigen Ort.«

Und soll ich dir mal was sagen? Diese Türklinken-Affirmation ist der Hammer. Sie sorgt tatsächlich für uns. Und sie passt auf uns auf. Das ist ein gutes Gefühl, ein richtig gutes Gefühl. Am besten, wir erzählen das auch den anderen in unserer Familie – dann sind auch sie immer beschützt. Das kann in unserer heutigen Zeit ja nicht schaden. Ich rufe gleich mal meine Nichte an …

Nachdem Sita und ich diese wunderbare Affirmation beim Verlassen des Hotels gesagt hatten, machten wir uns auf den Weg. Ja, und was Sita mir dann zeigte, war der Wahnsinn. Eine echte Überraschung. Sita führte mich zu einem kleinen Tempel. Ich war total erstaunt. Ich hatte ja vieles erwartet, aber das hier war wie in einem Traum.

»Das ist ein ganz besonderer Tempel«, sagte sie. »Es ist ein Glückstempel.«

Ich war baff. Ein Tempel hier? In Indien oder auf Bali, okay, aber hier? Ich kam aus dem Staunen gar nicht mehr heraus. Der Tempel war aus strahlend weißem Stein, ich glaube, es war Marmor. Rundherum standen wunderschön verzierte Säulen. Es führte eine Treppe mit sieben Stufen hinauf zum Eingang, vor dem – Überraschung – zwei Elefanten aus Stein thronten. Hierher hatte Sita also die Idee, einen Elefanten vor den Hoteleingang aufzustellen. Dieser Tempel war so atemberaubend schön und sah schon von außen irgendwie erhaben aus. Allein nur vor ihm zu stehen, machte schon etwas mit mir. Ich war überwältigt. Und fühlte mich total angezogen.

Wir mussten die Schuhe ausziehen und durften dann das Innere des Tempels betreten. Und das hat mir dann endgültig die Sprache verschlagen. In der Mitte des Raumes stand eine weiße Statue aus Marmor: eine Kugel mit einem Engel drauf.

»Diese Kugel symbolisiert die Welt und der Engel symbolisiert den himmlischen Aspekt unseres Seins und dass unsere Welt ins Universum eingebettet ist«, erklärte mir Sita. »Das Besondere an diesem Tempel ist, dass er für Menschen aller Religionen und Kulturen errichtet wurde. Dieser Tempel will die Menschen verbinden. Die Kugel sagt auch aus, dass wir eine Welt sind und eine Menschenfamilie. Und es gibt noch etwas ganz Besonderes an diesem Tempel: sein Name. Man nennt ihn den Glückstempel. Man erzählt sich nämlich, dass er Hindernisse entfernt und Erfolg und glückliche Fügungen schenkt.« Während Sita das sagte, berührte sie erst die Kugel und dann die Füße des Engels mit ihrer rechten Hand und tippte sich anschließend damit an ihr eigenes Herz.

Ich machte es ihr nach. Und, du glaubst es nicht, ein glücklicher Schauer durchlief mich – ich fühlte das Glück richtig. Man fühlt das Glück, wenn man beides berührt.

Was für ein besonderer Moment. Fast ein wenig heilig. Überall in diesem kleinen Tempel waren Blumen aufgestellt, es brannten Kerzen und Räucherstäbchen. Sehr sehr schön und ein Zeichen dafür, dass sich scheinbar viele Menschen für ihr Glück und glückliche Fügungen mit Blumen und Kerzen bedankten.

Diese ruhige friedliche Atmosphäre übertrug sich sofort auf mich und erfüllte mich. Das war schon irgendwie magisch. Ein ganz besonderer Ort war das hier.

Und dann kam noch ein richtiggehend heilig aussehender Mann zu uns. Er begrüßte mich lächelnd und sehr freundlich: »Wie schön, dass du da bist.«

Ich lächelte zurück und nickte mit dem Kopf. Ja, das fand ich auch. Schön, dass ich hier war.

Aber er sagte dann noch: »Ich freue mich wirklich sehr. Sita hat sich so auf dich gefreut.«

Ich verstand kein Wort. Jetzt fing der auch noch damit an. Was meinen die nur? Ich kannte Sita doch vor ein paar Tagen noch gar nicht? Ich fragte kurz nach, aber ich bekam mal wieder nur ein Lächeln zur Antwort. Aber wenigstens stellte er sich jetzt vor: »Ich bin ein alter Freund von Sita. Wir kennen uns von der Universität.«

Ahh, auch einer von der ältesten Universität aus dem Himalaya. Interessant.

»Mein Name ist Ravi«, stellte er sich vor.

»Ravi bedeutet Sonne«, erklärte Sita. Beide tauschten ein paar Worte aus und kamen dann auf ihr Lieblingsthema zu sprechen. Rate mal, welches das war? Bingo. Natürlich Manifestation.

Sita erzählte Ravi, was wir schon alles besprochen hatten und dass ich auf einem wunderbaren Weg sei. Ich fühlte mich geschmeichelt und freute mich sehr über das Kompliment. Aus Sitas Mund war es für mich etwas ganz Besonderes.

»Wenn du wirklich die Erfüllung deiner Wünsche in dein Leben ziehen möchtest, dann müssen dir die sieben Gesetze in Fleisch und Blut übergehen«, sagte Ravi. »Das ist quasi der Führerschein zur Wunscherfüllung. Und wie beim Führerschein fürs Autofahren: Bevor du fahren kannst, musst du die Theorie verstehen. Genauso ist das bei der Wunscherfüllung auch. Bevor du die Erfüllung anziehen kannst, bevor du manifestieren kannst, musst du die sieben Stufen verinnerlichen. Aber wenn du sie einmal verinnerlicht hast, dann kann dich niemand mehr stoppen. Dann ist alles möglich. Ja, das ist tatsächlich so. Dann ist alles möglich. Dann sind Dinge möglich, von denen du jetzt nicht einmal zu träumen wagtest«, versprach er. »Und, meine Liebe, Manifestation ist keine Zauberei.«

Ich war noch mal glücklicher, hier zu sein, als ich das alles hörte.

Doch Ravi redete schon weiter: »Im Grunde ist Manifestation einfach. Manifestation ruht auf zwei Säulen: Die erste Säule ist das ›Gesetz der Anziehung‹ und die zweite Säule ist das ›Gesetz von Ursache und Wirkung‹. Habt ihr über diese beiden Gesetze schon gesprochen?«, fragte er.

Ja, das hatten wir, ich nickte mit dem Kopf.

Ravi fasste noch mal kurz zusammen: »Das Gesetz der Anziehung besagt: Alles, was du aussendest, ziehst du an. Und das Gesetz von Ursache und Wirkung besagt: Alles hat eine Ursache. Das war's eigentlich schon.«

Sita und er schauten mich freudig an, so als wäre das das Logischste auf der Welt. »Und beide Gesetze kannst du umdrehen und auf einen gemeinsamen Nenner bringen: Was du anziehen möchtest, musst du vorher aussenden. Der Punkt ist: Du musst die Erfüllung ›verursachen‹.«

»Die Erfüllung verursachen«, wiederholte ich. Ich ließ das mal einen Moment sacken. Die Erfüllung verursachen.

»Aber die Frage ist ja, wie bitte verursacht man denn Erfüllung?« Das war mir überhaupt noch nicht klar. Die Erfüllung verursachen, darunter konnte ich mir beim besten Willen nichts vorstellen und ehrlich gesagt, stellte ich mir das auch ziemlich schwierig vor. Weißt du, was sie damit meinen könnten? Die Erfüllung verursachen?

Wie verursachen wir denn, dass wir in einer wunderschönen Partnerschaft oder in unserer Traumwohnung leben, unseren Traumjob mit unserem Traumgehalt haben und und und? Fragen über Fragen schwirrten in meinem Kopf herum.

Das mit dem Aussenden und Anziehen war ja logisch – wie ein Magnet halt. Die Sache mit dem Verursachen war mir aber nicht klar. Allerdings bekam ich jetzt noch keine Erklärung. Sita und Ravi waren hinausgegangen – sie hatten etwas zu besprechen.

Also gut. Ich genoss einfach die Ruhe und den Frieden und diese wunderschöne Atmosphäre.

Leider mussten wir schon bald schweren Herzens aufbrechen und diesen friedlichen Tempel verlassen. Sita hatte Hunger, sie wollte noch eine kurze Mittagspause machen und so brachen wir etwas unvermittelt auf. Zurück im Hotel, empfahl sie mir: »Der Tag ist noch lang, sehr lang sogar, meine Liebe. Besser du ruhst dich auch noch etwas aus.«

Ich wusste zwar nicht, warum dieser Tag länger als andere sein sollte, aber eine Pause kam mir ganz recht. Diesen Tempel würde ich niemals vergessen, dachte ich, als ich mich für eine kurze Siesta aufs Bett legte. Da will ich auf jeden Fall noch mal hin. Auf jeden Fall, aber dann bleibe ich länger dort als heute. Das nahm ich mir vor und schlief auch schon ein. Normalerweise kann ich mittags gar nicht schlafen, aber heute machte ich wie ein Baby eineinhalb Stunden Mittagsschlaf und wachte erst kurz vor 15 Uhr wieder auf. Glücklicherweise gerade noch rechtzeitig. Das Schläfchen hatte richtig gutgetan und jetzt freute ich mich auf das fünfte Geheimnis der Wunscherfüllung.

Sita und ich trafen uns, wie verabredet, um 15 Uhr auf der Hollywoodschaukel. Ich mag diese Schaukel sehr, besonders wenn Sita mit dabei ist. Das leichte Schaukeln wirkt beruhigend und entspannend und man kann sich dabei wunderbar unterhalten. Das ist ein ganz anderes Unterhalten, als wenn man sich an einem Tisch gegenüber sitzen würde. Am Tisch ist es irgendwie so statisch – auf der Hollywoodschaukel fühlt es sich leicht und fließend an. Ein wunderbares Gefühl.

Ich ließ mich auf die Schaukel sinken und erzählte Sita von meiner Fahrradtour heute Morgen und von den Schmerzen in meinen Waden. Sita schmunzelte über meinen Muskelkater: »Muskeln muss man trainieren, meine Liebe. Training ist alles. Übrigens nicht nur für Muskeln. In Wahrheit kannst du Manifestation genauso trainieren wie deine Muskeln. Das ist tatsächlich so.«

Jetzt musste ich auch schmunzeln: Schon lustig, wie Sita immer wieder den Bogen zur Manifestation spannte. »Jetzt dient dir sogar mein Muskelkater als Sprungbrett zur Wunscherfüllung«, lachte ich.

Da musste auch Sita lächeln, was sie aber nicht davon abhielt, noch etwas mehr ins Detail zu gehen und das fünfte Gesetz der Manifestation anzusprechen: »Weißt du, was Visualisierung ist? Hast du schon einmal davon gehört?«

Ja, klar weiß ich das, dachte ich. So blöd bin ich nun auch wieder nicht. Das sagte ich aber nicht laut.

»Ja, das weiß ich«, antwortete ich stattdessen. »Visualisierung heißt: sich etwas vorstellen.«

»Sehr gut«, Sita war sichtlich zufrieden mit meiner Antwort. »Im Zusammenhang mit der Manifestation bedeutet Visualisieren: sich die Erfüllung seines Wunsches vorstellen. Visualisieren ist ein unfassbar mächtiges Werkzeug bei der Erfüllung unserer Wünsche. Ich würde sogar so weit gehen zu behaupten, dass ohne Visualisierung keine Manifestation möglich ist. Ohne Visualisierung wirst du die Verwirklichung deiner Wünsche nicht in dein Leben ziehen.« Mit diesen Worten reichte sie mir wieder einen ihrer Zettel, auf dem genau das noch einmal stand. War also scheinbar sehr wichtig:

»Oh, interessant. Und noch ein Punkt, warum sich meine Wünsche bisher noch nicht erfüllt haben«, sagte ich und fragte: »Dann ist die Visualisierung also quasi auch ein Schlüssel zur Wunscherfüllung?«

»Ja, genau«, antwortete Sita zufrieden. »Ja, so kann man das sagen – das hast du schön gesagt: Die Visualisierung ist ein Schlüssel zur Manifestation. Ein sehr wichtiger sogar.«

Jetzt war ich auch mal kurz stolz auf mich. Ich hatte irgendwann schon ein Heftchen über Visualisierung gelesen und wusste daher zumindest grob, worum es bei dem Thema ging.

Hast du dich auch schon einmal damit beschäftigt? Ich persönlich finde das total spannend, aber ich finde auch, dass es sich leichter anhört, als es ist. Weißt du, was ich meine?

Man denkt ja zuerst, es wäre einfach, sich etwas vorzustellen. Stell dir den Mond vor, heißt es zum Beispiel – dann stellt man sich den Mond vor. Oder stell dir einen Frosch vor, dann kommt das Bild von einem Frosch in den Kopf. Aber sich die Erfüllung eines Wunsches vorzustellen, das ist schon eine andere Hausnummer. Das ist nicht so leicht wie die Sache mit dem Mond oder dem Frosch. Ich sagte das auch Sita: »Sita, ich verstehe theoretisch, was damit gemeint ist. Aber in der Praxis finde ich Visualisierung gar nicht so leicht, wie es sich anhört.«

»Wenn du einmal weißt, wie es funktioniert, dann ist es nicht mehr schwer«, beruhigte sie mich und legte liebevoll ihre Hand auf die meine.

Was für schöne Hände sie hat, dachte ich, lange schlanke Hände, wie die einer Pianistin. Nicht solche Wurstfinger wie ich. Sita war einfach von Kopf bis Fuß beeindruckend, und während ich das dachte, durchlief mich wieder dieses warme Gefühl. Wie wunderschön, dass ich hier war und was für ein Privileg! Das wurde mir immer mehr bewusst: Die erste weibliche Professorin der Welt für Manifestation saß neben mir. Scheinbar hatte ich ja auch gutes Karma gesammelt, dachte ich glücklich, dass ich dieser tollen Frau begegnet bin. Und dass Sita sich so viel Zeit für mich nahm. Irgendetwas musste ich verdammt gut gemacht haben.

Aber du kennst ja Sita inzwischen auch. Sie ließ sich nicht aus dem Konzept bringen und redete einfach weiter: »Visualisierung beruht auf einem ganz bestimmten Prinzip. Sie beruht auf der ›So tun, als ob es schon wahr wäre‹-Methode. Kennst du sie?«

»Nee, nie gehört. Was soll das sein?« Ich fand, ehrlich gesagt, das hörte sich etwas seltsam an. So nach Fake: So tun, als ob ...

»Ganz einfach. Der Name sagt schon alles«, erklärte Sita. »So tun, als ob es schon wahr wäre. Also: So tun, als ob sich dein Wunsch bereits erfüllt hätte. Das bedeutet nichts anderes, als dass du dir die Erfüllung vorstellen musst. Die Erfüllung deines Wunsches.« Sita machte eine kurze Pause und ergänzte dann: »Aber in Wahrheit ist es noch etwas mehr. Es ist nicht nur ein ›sich Vorstellen‹. In Wahrheit ist es ein Eintauchen.«

»Ein Eintauchen?«, fragte ich staunend dazwischen.

»Ja, ein Eintauchen. Du musst gedanklich in die Erfüllung eintauchen, buchstäblich in ihr baden.« Und dann erzählte mir Sita von dem Trick mit dem Ein-Meter-Brett. Erzähle ich dir auch gleich. Aber zuerst beschrieb sie mir noch, wie wir am besten visualisieren und uns die Erfüllung unseres Wunsches vorstellen können.

»Wenn du zum Beispiel eine neue Wohnung oder ein Haus in dein Leben ziehen möchtest, dann stell dir in deinen Gedanken diese Wohnung, dieses Haus genau vor: Wie sind die Räume, wie ist der Garten? Und jetzt kommt das Eintauchen, meine Liebe. Beweg dich in Gedanken durch diese Räume, fühle sie, fühle die Atmosphäre, sieh, wie glücklich du dort bist. Wie riecht es dort? Fühle mit all deinen Sinnen, wie es sich dort anfühlt. Das Entscheidende ist: Mit all deinen Sinnen – genau das ist mit dem Eintauchen gemeint. Höre, wie dir deine Freunde und deine Familie zu deinem neuen Zuhause gratulieren, sieh, wie ihr zusammen in der wunderschönen Küche kocht und Spaß habt. Sieh, wie deine Kinder fröhlich im Garten spielen, rieche an den Blumen, höre sie lachen, setz dich auf die Bank unter den Apfelbaum und so weiter und so weiter.«

Ich war tatsächlich in all das eingetaucht, während Sita redete.

»Mit all deinen Sinnen«, betonte sie. »Hören, riechen, fühlen, schmecken, sehen ... Das ist ganz entscheidend. Verstehst du, was ich meine? Dein Geist

ist quasi schon in deinem neuen Zuhause. Und das ist der wichtigste Schritt. Der Rest ist für das Universum ein Kinderspiel. Verstehst du?«

Ja. Ja, jetzt verstand ich es! Was für ein Unterschied! Jetzt verstand ich, dass das Vorstellen allein nicht reicht. Wir müssen in die Erfüllung eintauchen. In ihr baden. Wir müssen die Erfüllung fühlen und spüren. Wir müssen, symbolisch gesehen, auf der Bank unter dem Apfelbaum sitzen und unser Glück fühlen. Wie wunderbar!

Sita freute sich sehr, dass ich das nun verstanden hatte. »Ja, nur das Eintauchen lässt diese starke Erfüllungsenergie entstehen. In dem Moment, in dem du in deine Wunsch-Erfüllung mit all deinen Sinnen eintauchst, in dem Moment sendest du eine unglaublich starke Erfüllungsenergie aus. Und nun kommt wieder das Gesetz der Anziehung ins Spiel: Das, was du aussendest, ziehst du an. Nur wenn du Erfüllung aussendest, bekommst du Erfüllung. That's it – das ist das Geheimnis.«

Und wieder bekam ich einen Zettel in die Hand:

Wow! Das klang so was von logisch. Ja klar, so ist es. Mir fiel es wie Schuppen von den Augen.

»Und diese Methode kannst du auf alle Bereiche des Lebens anwenden«, erklärte Sita weiter. »Auf alle. Wenn du zum Beispiel einen neuen Partner in dein Leben ziehen möchtest, dann tauche auch hier ein in die Erfüllung: Stell dir vor, wie ihr beide Händchen haltend spazieren geht oder wie ihr zusammen ein Candle Light Dinner genießt. Stell dir vor, wie ihr euch umarmt und wie glücklich du dabei bist, und so weiter. Wenn du heiraten möchtest, dann stell dir vor, wie wunderschön die Hochzeit ist. Stell dir vor, wie du zum Altar gehst, stell dir die strahlenden Augen eurer Gäste vor. Stell dir vor, wer alles dabei ist und wie ihr zusammen tanzt und feiert. Fühle den Ring an deinem Finger und ganz wichtig: Fühle deine Glücksgefühle! Und dann kannst du eigentlich schon einmal die Gästeliste erstellen und dir überlegen, wer deine Trauzeugen sein sollen«, lachte Sita. »Ja, genauso funktioniert das. Auch in den anderen Bereichen des Lebens. Eigentlich für jede Art von Wunsch.« Sie überlegte kurz. »Wenn du einen neuen Job haben möchtest, dann stell dir vor, wie glücklich du an der neuen Stelle bist. Fühle die schöne aufgeschlossene produktive Atmosphäre und sieh deine netten Kollegen und Kolleginnen. Sieh dich bei deiner Arbeit und fühle, wie glücklich du dort bist. Und lass diesen Visualisierungsfilm, du kannst ihn auch Erfüllungsfilm nennen, möglichst oft in deinem Kopf ablaufen. Je öfter, umso besser.«

Jetzt wurde Sita richtig aufgeregt: »Und noch etwas ist ganz wichtig beim Visualisieren: Fühle immer deine Glücksgefühle. Wenn du dir die Erfüllung vorstellst, musst du dabei die Glücksgefühle fühlen, die du fühlen wirst, wenn sich dein Wunsch erfüllt hat. Der Trick ist, du musst deine zukünftigen Glücksgefühle jetzt schon fühlen! Glücksgefühle sind neurologische Verstärker und ziehen die Erfüllung schneller an.«

Und damit reichte sie mir wieder einen ihrer Zettel:

Glücksgefühle fühlen. Klar, ist logisch. Und ja auch schön. Und Glücksgefühle ziehen die Erfüllung schneller an.

»Klingt nachvollziehbar«, sagte ich. »Aber, ehrlich gesagt, nicht ganz einfach. Wie soll das funktionieren? Sita, wie schaffe ich es, Glücksgefühle zu fühlen für etwas, das noch gar nicht eingetreten ist? Das ist doch gar nicht so einfach.«

»Doch, ist es«, lächelte sie. »Es ist einfach. Schalte einfach mal deinen Kopf aus. Der stört dabei nur. Du musst die Erfüllung mit deinem Herzen fühlen – dann fühlst du automatisch Glücksgefühle. Es ist der Verstand, der Kopf, der denkt, das sei schwierig. Aber glaube mir, der Verstand hat keine Ahnung. Unser Verstand und unser Kopf haben genau minus null Ahnung von der Wunscherfüllung. Die haben so viel Ahnung von der Wunscherfüllung wie du vom Fliegen«, lachte Sita und sagte gleich dazu: »Es gibt sogar einen Trick, wie du deinen Verstand ausschalten kannst: Ziehe kurz an deinem rechten Ohrläppchen – das wirkt wie ein Schalter. Sobald du daran ziehst, heißt das: Verstand aus, Herz ein.« Sie zwinkerte mir zu.

»Ist klar«, sagte ich nur, weil ich dachte, Sita wollte mich auf den Arm nehmen. Das hört sich ja zunächst auch nur lustig an, aber es funktioniert tatsächlich. Ich konnte das zuerst auch nicht glauben – aber mach das mal, das ist echt klasse. Komm, zieh jetzt gleich mal an deinem rechten Ohrläppchen und konzentriere dich in dem Moment auf dein Herz.

Lustig, nicht wahr? Es funktioniert tatsächlich.

»Eigentlich war das nur ein Spaß«, sagte Sita jetzt. »Aber wenn es bei dir klappt, umso besser.« Sie lachte herzlich.

Sehr lustig. An Sitas Humor musste ich mich noch gewöhnen.

»Sita, wie oft muss ich mir denn die Erfüllung vorstellen? Reicht es, wenn ich das einmal ganz intensiv tue, oder soll man das jede Woche machen oder alle zwei Tage? Gibt es eine zeitliche Vorgabe für die Visualisierung?«, fragte ich interessiert nach.

»Gute Frage«, strahlte Sita. »Danke, dass du mich daran erinnerst. Es gibt einen Grundsatz: Viel hilft viel.« Sie lachte immer noch. »Viel hilft viel – das ist bei der Manifestation tatsächlich so. Je öfter du in die Erfüllung deines Wunsches eintauchst, umso besser. Je öfter du deinen Visualisierungsfilm, deinen Erfüllungsfilm in deinem Kopf ablaufen lässt, umso besser. Es gilt: Je öfter, umso besser. Ist ja auch logisch, denn umso öfter sendest du ja Erfüllungsenergie aus. Also, denk dran: Viel hilft viel.«

Das leuchtete mir ein.

»Aber«, ergänzte Sita, »da wir ja alle auch noch andere Dinge zu tun haben und unseren Alltag wuppen müssen, wäre es optimal, wenn du zumindest einmal am Tag die Erfüllung visualisiert. Einmal ist ein Muss! Einmal ist das absolute Minimum.« Das sagte sie sehr eindringlich. »Das absolute Minimum!«

»Okay, und was passiert, wenn ich das mal vergesse?«, fragte ich unsicher.

»Nichts«, schmunzelte sie. »Aber das willst du ja

nicht. Du willst ja nicht, dass nichts passiert, oder? Du willst ja, dass etwas passiert, nicht wahr? Du willst, dass die Erfüllung passiert.«

»Ja, allerdings. Ich will, dass etwas passiert, und zwar etwas Tolles«, betonte ich.

»Ach, übrigens, noch ganz wichtig«, ergänzte Sita. »Die beste Zeit, sich die Erfüllung vorzustellen, ist kurz vorm Einschlafen. Weißt du auch, warum? Wenn du dir die Erfüllung kurz vorm Einschlafen vorstellst, dann schläfst du mit dieser wunderbaren Energie ein. Dann nimmst du diese wunderbare Energie mit in die Nacht. Und diese Erfüllungsenergie kann so die ganze Nacht über ungestört wirken. Die ganze Nacht. Wundervoll, nicht wahr?«

Ja, das hörte sich tatsächlich wundervoll an.

»Weißt du«, sagte Sita noch. »Im Moment ist es ja noch so, dass du meistens abends im Bett überlegst, was du am nächsten Tag alles erledigen musst und was so ansteht, und dann schläfst du mit dieser ›Was ich morgen alles machen muss‹-Energie ein. Diese Energie wird aber leider wieder Alltag anziehen – und sicher keine Erfüllung. Verstehst du?«

Und ob ich das verstand! So ein Mist, ich überlege wirklich jeden Abend, was ich am nächsten Tag alles machen muss. Ich lasse aber auch kein Fettnäpfchen aus, dachte ich entsetzt. Das werde ich ab sofort beenden. Ab jetzt werde ich mir jeden Abend kurz vor dem Einschlafen die Erfüllung meines Wunsches vorstellen. Jeden Abend.

»Hoffentlich vergesse ich das nicht«, sagte ich.

»Nein, das wirst du nicht. Mach dir keine Sorgen. Gegen das Vergessen gibt es einen wundervollen Trick. Den habe ich von dem heiligen Mann aus meinem Dorf am Rande des Himalayas. Wir Kinder trafen uns damals oft vor der Hütte dieses Mannes und er erzählte uns Weisheiten aus aller Welt. Wir hockten dann auf dem Boden im Schneidersitz und hingen an den Lippen des Heiligen. Er hatte immer so wunderschöne Geschichten zu erzählen: Unter anderem auch die vom Kopfkissen-Trick.« Sita erinnerte sich fast ein wenig wehmütig an die damalige Zeit zurück. »Euer Kopfkissen ist die Brücke zur Erfüllung eurer Wünsche«, hatte der heilige Mann damals gesagt und das hatte Sita nie mehr vergessen.

»Unser Kopfkissen ist die Brücke zur Erfüllung unserer Wünsche. Was für eine schöne Metapher«, meinte ich.

»Wie dich deine Zahnbürste jetzt an deine morgendliche Affirmation erinnert, so erinnert dich dein Kopfkissen an die abendliche Visualisierung. Lustig, nicht? Wie alltägliche Gegenstände auf einmal zu unserem Manifestations-Werkzeug werden«, freute sich Sita. »Jedes Mal, wenn du dich in dein Kopfkissen kuschelst, dann erinnerst du dich ab jetzt sofort an deine Visualisierung. Dann erinnerst du dich: Kopfkissen ... Moment mal, da war doch was! Und dann fällt dir ein, dass du dir noch deine Erfüllung vorstellen willst und dass du unbedingt noch Glücksgefühle fühlen willst. Dein Kopfkissen ist also ab heute kein normales Kopfkissen mehr wie das von anderen Leuten. Dein Kopfkissen ist ab jetzt dein Glücksanker, also eigentlich ist es ab jetzt ein Glückskissen. Deine Erfüllungserinnerung. Und so wirst du es nie wieder vergessen. Ja, und dann kann ich dir quasi garantieren, dass es mit der Erfüllung nicht mehr lange dauern wird.«

Wie cool! Jetzt haben wir sogar noch eine Garantie von Sita bekommen. Das gefällt mir. Ich sehe mein Kopfkissen jetzt mit ganz anderen Augen – als meine Brücke zur Erfüllung.

»Ach und noch etwas«, sagte Sita. »Da fällt mir gerade ein, es gibt noch einen ganz wunderbaren Trick.« Sie strahlte mich an. »Der hört sich zwar lustig an, aber der hat es in sich und ist sehr erfolgreich. Tatatata ... Jetzt kommt der Trick mit dem Ein-Meter-Brett. Der ist super effektiv. Und der geht so: Du liegst auf deinem Kopfkissen. Stell dir nun vor, du würdest Köpper, also Kopfsprung, von einem Ein-Meter-Brett in ein Schwimmbecken machen. Dieses Schwimmbecken steht für deine Erfüllung. Und du springst nun mitten in deine Erfüllung und tauchst darin ein.« Dabei streckte Sita die Arme vor ihren Kopf und deutete einen Kopfsprung an.

»Herrlich!« Ich musste lächeln. Das ist eine super Idee. Kopfsprung in die Erfüllung.

Und vor allen Dingen so leicht umsetzbar. Komm, das machen wir ab sofort auch jeden Abend. Am Ende haben wir es unserem Kopfkissen zu verdanken, dass sich unser Wunsch erfüllt hat. Köstlich. Sitas Tipps sind echt einmalig.

Kopfkissen und Wunscherfüllung – wir kommen! Ich mache mir jetzt einen Knoten ins Taschentuch – damit ich das nicht mehr vergesse.

Der Kopfkissen-Trick

Das Kopfkissen als Glücksanker und
Brücke zur Wunscherfüllung:

Jeden Abend, wenn wir uns in unser Kissen kuscheln, in
die Erfüllung unseres Wunsches eintauchen –
jeden Abend.

Manche Dinge können so einfach sein.

Aber eine Frage fiel mir dann doch dazu ein: »Kann man sich eigentlich alles visualisieren? Kann man auch Gesundheit visualisieren?« Das wäre ja einfach großartig.

»Ja«, antwortete Sita. »Mit der Gesundheit ist das so eine Sache. Im Prinzip kann man natürlich auch Gesundheit manifestieren und visualisieren. Es gibt in dieser Richtung sogar hochinteressante neue wissenschaftliche Erkenntnisse. Die sind wirklich hochinteressant. Nicht, dass viele Menschen das nicht ohnehin schon lange wüssten. Interessant ist, dass auch die Wissenschaft das langsam zu verstehen beginnt. Die Wissenschaft hat die sogenannte Mind-Body-Medizin entdeckt. Ziel dieser Medizin ist es, die Wechselwirkung von Kopf und Körper positiv zu beeinflussen, über Psyche und Gefühle. Die Medizin beginnt zu verstehen, dass es eine untrennbare Verbundenheit zwischen unseren Gedanken, Gefühlen und unserem Körper gibt. Endlich beginnt sie zu verstehen. Endlich. Das bedeutet, sie versteht langsam, dass Gedanken und Gefühle unsere Körpervorgänge beeinflussen können.« Sita war sichtlich erleichtert und begeistert davon, dass auch die westlichen Mediziner das nun allmählich anerkennen. »In Indien weiß das jedes Kind. Da weiß das jedes Kind und natürlich erst recht jeder Mediziner. Und weißt du, welches spannende Experiment neulich in den USA gemacht wurde? Ich war zufällig zu dieser Zeit gerade auf einem Yoga-Kongress in Los Angeles, deshalb habe ich das quasi hautnah miterlebt«, erzählte Sita. »Das ist so spannend. Pass auf: Für das Experiment wurden zwei Gruppen gebildet. Das Experiment lief über sechs Wochen, und Ziel war es, den Muskelaufbau anzuregen und zu messen. Gruppe eins besuchte dafür sechs Wochen lang dreimal wöchentlich ein Fitnessstudio und absolvierte genau vorgegebene Übungen. Gruppe zwei blieb im Labor, wurde verkabelt und machte genau die gleichen Übungen – allerdings nur in Gedanken. Und jetzt halte dich fest! Das Ergebnis ist absolut faszinierend: Beide Gruppen hatten nach sechs Wochen den genau gleichen Muskelaufbau!«

»Wirklich?!«, entfuhr es mir. Das war ja spannend!

»Ja, so war das. Stell dir das mal vor! Es spielte keine Rolle, ob die Übungen tatsächlich oder nur in Gedanken absolviert wurden. Und jetzt denke mal weiter! Was das bedeutet! Wenn wir uns in Gedanken unsere

Gesundheit vorstellen, dann wird das natürlich etwas absolut Positives bewirken. Unsere Gedanken haben eine ungeheure Energie. Aber natürlich braucht es auch Vorsicht: Visualisierung funktioniert in beide Richtungen. Wenn wir zum Beispiel oft Angst davor haben, an Krebs zu erkranken, dann hat auch das eine Wirkung. Das ist gefährlich. Davor müssen wir uns hüten«, erklärte Sita.

Wahnsinn, oder? Die Sache mit dem Fitnessstudio gefällt mir. Und ich habe eine Idee: Ich stelle mir ab jetzt sechs Wochen lang in Gedanken vor, ich würde täglich hundert Situps machen. Machst du mit? Dann müssten wir beide in sechs Wochen einen Waschbrettbauch haben. Das klingt doch verlockend, oder?

»Apropos Waschbrettbauch. Kann man eigentlich auch eine Gewichtsabnahme visualisieren und manifestieren?«, fragte ich Sita und streichelte mit der Hand über mein Bäuchlein.

»Aber natürlich kannst du das. Das ist sogar ganz einfach. Stell dir dazu vor, du würdest auf der Waage stehen und dein Traumgewicht angezeigt sehen. Du fühlst wieder die Glücksgefühle und deine Freude, wenn du dein Wunschgewicht auf der Waage siehst. Dazu bastelst du dir eine passende Erfüllungs-Collage mit einer Figur, die du schön findest, und darauf klebst du dein Gesicht. Das war's schon. Wenn du die Collage dann noch an deine Kühlschranktür klebst, dann kannst du dir schon mal Kleider ein oder zwei Größen kleiner kaufen«, lachte Sita.

Das klingt ja famos und echt einfach. Und es ist

noch bequemer als diese gedanklichen Situps, freute ich mich.

Das ist ja alles so spannend und ich fragte Sita noch Löcher in den Bauch. Irgendwann sagte Sita aus dem heiteren Nichts: »Komm, wir gehen eine Runde im See baden.« Sie sprang auf und lief los.

Okay, auf eine kleine Erfrischung hatte ich jetzt auch Lust und lief ihr hinterher. Ich machte einen Kopfsprung vom Steg in den See – das war herrlich.

Sita rief mir zu: »Siehst du, genauso funktioniert das Eintauchen in die Erfüllung auch. Stell dir in Zukunft einfach immer vor, der See wäre die Erfüllung und du würdest hineinspringen. Denk immer an diesen Moment zurück.«

Und genau das tat ich auch und ich werde es jahrelang tun. Es war einer dieser Momente, die man nicht vergisst. Ich springe seitdem tatsächlich jeden Abend vor dem Einschlafen in die Vorstellung der Erfüllung meiner Wünsche. Ich bade seitdem jeden Abend darin.

Wir schwammen lange in diesem herrlichen smaragdgrünen Wasser. Das war so viel schöner als das im Schwimmbad bei mir zu Hause um die Ecke. Natur ist einfach etwas Wunderschönes.

Bist du auch schon mal in einem See geschwommen? Dann weißt du, was ich meine. Naturwasser ist einfach schöner als dieses Chlorwasser. Also, wenn keine Krokodile darin lauern.

Nach dem Schwimmen lagen Sita und ich noch eine ganze Weile auf dem Steg, genossen die warmen

Sonnenstrahlen auf der Haut und schauten in die vorüberziehenden Wolken. Das mache ich gern. Total gern. Ich versuche dann immer Figuren in den Wolken zu erkennen. Gerade hatte ich ein vierblättriges Wolkenkleeblatt entdeckt.

»Sita, schau mal, ein Kleeblatt«, zeigte ich in die Wolken. »Das bringt Glück.«

Sita sah es auch und freute sich mit mir: »Wie schön. Ich mag Kleeblätter auch sehr. Für mich ist übrigens jedes Kleeblatt eine Erinnerung an meine Lieblingsaffirmation«, sagte sie.

»Und welches ist deine Lieblingsaffirmation? Verrätst du sie mir«, bat ich.

»Aber natürlich, sehr gern sogar. Meine absolute Lieblingsaffirmation ist diese: Ich bin ein Glücksmagnet.« Sita strahlte und wiederholte sie gleich noch mal: »Ich bin ein Glücksmagnet.«

»Oh, wie wunderschön!«, rief ich. »Darf ich diese Affirmation auch benutzen?«

»Aber natürlich«, lachte Sita. »Jeder kann diese Affirmation benutzen. Sie ist ein absoluter Türöffner fürs Glück. Wenn du diesen Satz sagst, dann öffnest du die Tür sperrangelweit, und das Glück und die Erfüllung deiner Wünsche können mühelos durchspazieren – geradewegs auf dich zu.«

Das klingt ja genial. Ich finde diese Affirmation super für uns beide, also für dich und für mich. Wir machen die jetzt zu unserem persönlichen Zaubersatz, okay?

»Ich bin ein Glücksmagnet und du bist ein Glücksmagnet. Und damit wir das nie wieder vergessen, ist ab jetzt jedes vierblättrige Kleeblatt, das wir sehen, eine Erinnerung daran. Abgemacht?

»Ich bin ein Glücksmagnet.« Wenn ich das laut ausspreche, kann ich beinahe spüren, wie sich die Glückstür öffnet. Spürst du das auch? Ich wusste es. Wir beide sind uns ziemlich ähnlich.

Sita und ich schauten noch länger in die Wolken und irgendwann entdeckte Sita eine Tür dort oben und da fiel ihr mal wieder etwas ein. »Es gibt noch eine wunderbare Visualisierungsübung, die ich dir unbedingt zeigen möchte«, sagte sie. »Am besten sogar jetzt gleich.«

Sie erzählte mir, dass diese Visualisierung alle »Manifestations-Experten« kennen und häufig praktizieren würden und ich sollte sie nun auch kennen. Die Wolken hätten sie gerade daran erinnert.

Ich war sehr berührt. Sita erzählte mir Geheimnisse von Eingeweihten. Wie unglaublich lieb von ihr. Mir wurde ganz warm ums Herz.

»Das ist eine besondere Visualisierung und sie heißt: Die offenen Türen. Es ist eine ganz wunderbare Übung. Und weißt du auch, warum? Weil sie tatsächlich dafür sorgt, dass sich im echten Leben Türen öffnen werden. Du wirst staunen«, freute sie sich.

»Okay, da mache ich mit. Türen zu öffnen, gefällt mir.« Ich hatte gerade in letzter Zeit häufig das Gefühl, dass ich ständig vor verschlossenen Türen stehen würde.

Kennst du das auch? Diese Phasen im Leben, wo es mehr verschlossene als offene Türen gibt? Das nervt so! Insofern kam mir diese Übung der offenen Türen ganz recht. Es wurde höchste Zeit für offene Türen. Je mehr offene Türen es gibt, umso besser, dachte ich.

»Wenn du diese Visualisierung vier Wochen lang jeden Tag mal kurz machst, dann wirst du sehen, dass sich in deinem wirklichen Leben tatsächlich auf einmal Türen öffnen – Türen, von denen du vorher nicht einmal zu träumen gewagt hättest.« Sita war offensichtlich total begeistert von dieser Übung und steckte mich mit ihrer Begeisterung an. »Also, los geht's«, begann sie. »Das Geheimnis der offenen Türen. Schließ deine Augen und atme ein und doppelt so lange wieder aus ...«

Ich unterbreche hier mal kurz: Am besten, du machst diese Visualisierung jetzt direkt mal mit, okay? Das ist wichtig, nachher vergisst du es vielleicht. Und du willst ja auch, dass sich die Türen öffnen, nicht wahr? Also: Atme auch du tief ein und doppelt so lange wieder aus.

Sita fuhr fort: »Und nun stell dir ein Schloss vor. In diesem Schloss gibt es fünf Räume, die hintereinander liegen und ineinander übergehen. Sie sind jeweils durch eine doppelflügelige Tür voneinander getrennt. Nun stell dir vor, du stehst in dem ersten Raum und gehst auf die Tür zu. Die Tür öffnet sich wie von Zauberhand und du gehst in den zweiten Raum. Wieder gehst du auf die gegenüberliegende Tür zu und auch diese öffnet sich, kurz bevor du sie erreichst, wie von

Zauberhand. Das Gleiche passiert in den nächsten Räumen: Alle Türen öffnen sich wie von selbst und du musst nur noch hindurchgehen. Und nun gehst du immer wieder durch die geöffneten Türen von Raum zu Raum. Spürst du dieses wunderschöne Gefühl? Kein Widerstand, keine verschlossenen Türen – überall nur offene Türen. Alles, was du tun musst, ist hindurchzugehen ... Und jetzt öffne die Augen und nimm dieses wunderschöne Gefühl der offenen Türen, durch die du nur noch hindurchgehen musst, mit in dein Leben«, sagte Sita zum Abschluss.

Wahnsinn! Hast du die Visualisierung gerade mitgemacht? Ist das nicht unglaublich? Eine einfache Vorstellung kann so ein tolles Gefühl auslösen. Kein Widerstand – nur offene Türen. Alle Türen öffnen sich.

Sollen wir beide das mal vier Wochen lang ausprobieren? Also, ich mach das. Ich habe auch echt keine Lust mehr auf verschlossene Türen. Du doch auch nicht, oder?

Die nächsten vier Wochen wohnen wir beide im Schloss. Du und ich wohnen im Schloss und laufen durch die offenen Türen. Bist du dabei? Bestimmt, oder?

Und nach vier Wochen schauen wir beide mal, welche Türen sich in unseren Leben alle geöffnet haben ...

Was war das wieder für ein atemberaubender Nachmittag! Wunderschön und irgendwie fast etwas surreal: die Hollywoodschaukel, diese wunderbare Sita, das Bad im See der Erfüllung, die Wolken, das Kleeblatt und das Schloss mit den offenen Türen.

Und als wäre das alles noch nicht genug, gab es noch eine Überraschung im Hotel. Und was für eine!

Zurück im Hotel, ging ich auf mein Zimmer und machte mich fürs Abendessen zurecht. Und als hätte ich etwas geahnt, zog ich an diesem Abend das schönste Sommerkleid, das ich besaß, an und ging hinunter.

Und dann stockte mir der Atem. Die Terrasse war wunderschön dekoriert. Überall hingen Lampions und Lichterketten. Auf den Tischen standen Blumen und bunte Gläser mit brennenden Kerzen. Und es waren Gäste anwesend. Sita hatte ungefähr zwanzig Personen eingeladen, die alle eine Wunderkerze in der Hand hielten und mich anstrahlten, als ich die Terrasse betrat.

Wow! Das war überwältigend. Absolut überwältigend. Und dann fiel mir ein, dass ich ja heute Geburtstag hatte! Das hatte ich total vergessen! Aber so was von vergessen.

Fragt sich nur, woher Sita das wusste. Von mir jedenfalls nicht, wunderte ich mich. Ich musste mein Geburtsdatum bei der Buchung nicht angeben. Merkwürdig.

Aber jetzt freute ich mich erst einmal. Was für eine gelungene Überraschung! Die Leute waren alle supernett und ich verstand mich blendend mit ihnen. Die Stimmung war von Anfang an ausgelassen und fröhlich. Die Gäste sangen zusammen »Happy Birthday« für mich, und ich war so gerührt, dass mir eine oder vielleicht auch zwei oder drei Tränen die Wangen herunterliefen. So schön und berührend war das alles.

Und dann ließ Sita auch noch Fingerfood vom Feinsten servieren. Wahnsinn, so etwas hatte noch nie jemand für mich getan. Ich war einfach nur überwältigt.

Und der echte Knaller, der kam erst noch. Gegen Mitternacht gab es eine weitere Überraschung: Sita hatte zwei Musiker eingeladen – aber nicht solche mit Gitarre oder Akkordeon, obwohl das auch sehr schön sein kann. Aber das hier waren die genialsten Musiker, die ich je gehört hatte. Es waren ein Drummer und ein Saxofonist. So was habe ich noch nie erlebt. Dieser Drummer hat eine Stimmung gemacht – von null auf tausend in einer Minute, unglaublich. Wir tanzten und lachten und tanzten und machten Party in dieser wunderschönen Sommernacht. Ich glaube, ich war noch nie so ausgelassen und glücklich wie an diesem Abend. Es war einfach nur sensationell. Wenn ich nur daran denke, könnte ich aufspringen und wieder anfangen zu tanzen. Diese Nacht werde ich nie vergessen – niemals in meinem Leben. Der Saxofonist spielte noch bis früh in den Morgen. Mondschein und Saxofon – das ist nicht von dieser Welt, so schön.

Mein Gott, Sita – wie kann ich das nur jemals wieder wett machen? Ich umarmte sie fest an diesem Abend und konnte mein Glück gar nicht richtig fassen. Was für ein sensationeller Geburtstag!

»Heute fängt dein neues Leben an«, sagte Sita glücklich. »Heute hat es angefangen und das haben wir gefeiert«, freute sie sich und nahm mich in ihre Arme.

Sita sah übrigens auch heute umwerfend aus. Sie trug einen Sari aus echter Seide, in Orange und Pink. Eine tolle Farbkombination. Dazu goldene Ohrringe und goldenen Schmuck. Sie sah aus wie eine echte indische Maharani. Wie aus einem Bollywood-Film.

Als ich in dieser Nacht auf mein Zimmer zurückkam, lag auf meinem Bett ein Zettel mit einer Blume und darauf stand:

Schöner konnte dieser Tag nicht enden. Und dann sah ich, dass neben dem Zettel ein echter runder Magnet lag, mit der Aufschrift: »Ich bin ein Glücksmagnet.«

Ja, dachte ich glücklich: Ich bin wirklich ein Glücksmagnet.

Und wenn ich es bin, dann bist du es auch. Wir beide sind Glücksmagneten – sonst hätten wir ja auch Sita nicht getroffen.

Und denk daran, in die Erfüllung deines Wunsches einzutauchen. Ich mache das seitdem auch jeden Abend.

Ich bin ein
Glücksmagnet

DAS SECHSTE GESETZ
DER WUNSCHERFÜLLUNG

Loslassen und vertrauen

Als ich am nächsten Vormittag relativ spät aus meinem Tiefschlaf erwachte, fiel mir Sitas Bemerkung vom Abend wieder ein. Was sie wohl damit gemeint hatte? »Heute fängt dein neues Leben an.« Sie hat ja nicht gesagt: »Heute fängt dein neues Lebensjahr an.«

Ich überlegte einen Moment lang. Aber ich merkte: Mein Gehirn war noch zu müde zum Denken. Ich reckte und streckte mich erst einmal ausgiebig, ging auf meinen Balkon und atmete eine Ladung Frischluft ein, bevor ich hinunter in den Frühstücksraum ging. Heute gönnte ich mir und meinem kleinen Kater (ich nenne meinen Katerkopf liebevoll Kater Balu, weil er sich nach Partys manchmal anfühlt wie ein kleiner Ballon. Autsch. Kennst du das?), also ich gönnte mir ein Katerfrühstück mit Rührei und herzhaften Zutaten. Kater mögen kein Müsli, habe ich festgestellt. Sie mögen lieber Rollmöpse oder Lachsbrötchen, also eher Deftiges. Jaja, so ist das. Das Frühstück tat jedenfalls sehr gut und weckte meine müde getanzten Lebensgeister.

Und ich hatte Glück: Ausgerechnet an diesem Tag

war »zufällig« Wellnesstag im Hotel, wie ich nach dem Frühstück erfuhr. Das passte ja perfekt, freute ich mich. Nach dieser Party konnte mich nur eine gute Massage retten. Und gerade, als ich das dachte, kam Sita schon zu mir. Ich weiß nicht, wie sie das macht, aber sie sah aus wie der junge Morgen, frisch und fit, vital und strahlend wie immer. Dabei war sie ja nun auch gestern Abend bis zum Ende auf der Party gewesen.

»Da bist du ja«, begrüßte sie mich fröhlich. »Gut geschlafen?« Sie zwinkerte mir zu. »Ich habe noch ein kleines Geschenk für dich: Ich habe dir für heute zwei Behandlungen gebucht. Eine ayurvedische Massage inclusive Stirnguss und eine Fußreflexzonenmassage. Und heute Abend habe ich noch eine Überraschung für dich, unser wöchentliches Special: eine Klangschalen-Meditation.«

»Oh, wie wunderschön. Das ist genau das richtige Programm für heute. Himmlisch«, freute ich mich.

Und himmlisch war es dann wirklich. Hast du schon mal eine ayurvedische Massage erlebt? Das tut so gut und ist so angenehm! Ganz anders als so eine herkömmliche Rückenmassage. Diese hier ist viel schöner, zarter irgendwie, aber mindestens genauso effektiv und wirkungsvoll. Ich finde, sie ist sogar noch viel wirkungsvoller. Aber vielleicht lag das auch an der Masseurin. Sie stellte sich mir als Amba vor und war sehr lieb und einfühlsam. Sie erklärte mir genau, an welchen Stellen ich Blockaden hatte. Und ich hatte so einige, das kannst du mir glauben. So einige! Das war mir vorher gar nicht aufgefallen, aber allein meine Nackenmuskulatur war offenbar hart wie Beton. Kennst du das auch? Dass dein Nacken hart wie Stein ist? Das ist übrigens gar nicht so unwichtig, wie ich erfahren habe.

»Wir lösen deine Muskulatur jetzt ganz sanft«, sagte Amba. »Das ist wichtig. Sonst kann deine Energie nicht richtig fließen. Und es ist ziemlich wichtig, dass sie ungestört fließen kann.«

Ach, was tat das gut. Ich genoss jeden einzelnen Moment dieser wunderbaren Massage, auch wenn es manchmal etwas wehtat, aber ich fühlte richtig, wie die Blockaden sich zu lösen begannen. Nach himmlischen fünfundvierzig Minuten deckte mich Amba mit einer leichten Decke zu und sagte: »Und nun öffnen wir dein drittes Auge.«

Sie begann mit dem Stirnguss, der zu dieser ayurvedischen Massage gehörte. Dazu wird angewärmtes Öl auf deine Stirn gegossen, dort wo das dritte Auge ist. Und das ist der Wahnsinn.

»Im Ayurveda geht man davon aus, dass dieser Punkt mit unserer Intuition und unserer Seele und unserem Bewusstsein in Verbindung steht«, erklärte Amba. »Wenn das warme Öl auf diesen Punkt trifft, soll er stimuliert werden. Das ist übrigens eine der ältesten Anwendungen im Ayurveda. Es ist also ganz altes Wissen. Man nennt den Stirnguss Shirodhara. Dieses Wort setzt sich aus zwei Wörtern zusammen: *Shiro* für ›Kopf‹ und *dhara* für ›Fluss‹. Interessant, nicht wahr?« Amba war ganz begeistert von Ayurveda und hatte auf ihren zahlreichen Reisen durch Indien sehr viel darüber gelernt. Sie hat jeden Kurs belegt, den sie finden konnte. Und dann hat sie zwei Jahre lang in Südindien in einer der vielen Ayurvedakliniken gearbeitet. Auf einer ihrer Reisen hatte sie übrigens dann auch Sita kennengelernt und jetzt war Amba hier im Kleinen Hotel der Wünsche gelandet. Und sie liebte es hier.

Na, und ich liebte ihre Massagen – ein Genuss wie von einem anderen Stern. Dieser Stirnguss bewirkte etwas. Ich hatte tatsächlich das Gefühl, er berührt die Seele.

Hattest du schon mal einen Stirnguss? Und hattest du dabei auch dieses schöne tiefe Gefühl? Vielleicht lag es auch an der wunderbaren Amba, deren Präsenz unglaublich angenehm war.

Nach der Massage sollte ich mich etwas ausruhen. »Das ist wichtig danach«, gab Amba mir mit auf den Weg. »Sonst geht die tolle Wirkung verloren. Was wir gelöst haben, muss gelöst bleiben. Ohne Ruhe entstehen sonst sofort wieder die alten Blockaden.«

»Na dann«, freute ich mich. Ausruhen ist mein kleinstes Problem und ich zog mich mit dem besten Gewissen der Welt, wie ein zufriedenes Faultier, in die Hängematte zurück, die im hinteren Hotelgarten zwischen zwei alten Bäumen gespannt war, und döste vor mich hin.

Ach, tat das gut! Ich liebe Hängematten und Ruhe.

»Und wie geht's dir?« Nach einer Weile tauchte Sita auf und holte mich aus meinen Gedanken.

»Himmlisch«, seufzte ich. »Danke, Sita, das war einfach himmlisch. Ich soll mich übrigens jetzt ausruhen«, rechtfertigte ich mich. »Amba hat gesagt, sonst würden die Blockaden wiederkommen.«

»Ja, das stimmt auch. Genauso ist es. Schön, dass du dich auch daran hältst. Der Schildkröten-Moment ist sehr wichtig.«

»Der Schildkröten-Moment? Davon habe ich ja noch nie gehört. Was ist denn das schon wieder?«, fragte ich erstaunt.

»So nennen wir es, wenn wir uns mal etwas in uns selbst zurückziehen«, lachte Sita. »Wenn wir etwas Ruhe brauchen, machen wir es wie eine Schildkröte, die ihren Kopf einzieht.« Sita zog bei diesen Worten ihren Kopf zwischen die Schultern. »Wir hatten zum Beispiel bei uns im Wohnheim in der Universität jeder einen Türanhänger mit einer Schildkröte darauf. Wenn dieser außen an der Türklinke hing, wusste jeder Bescheid: Stopp, derjenige braucht gerade etwas Ruhe und Zeit für sich. Ich finde diesen Schildkröten-Anhänger viel schöner als so ein Schild, auf dem steht: Bitte nicht stören. Die Schildkröte ist irgendwie liebevoller.«

»Das stimmt. So einen Schildkröten-Anhänger hätte ich auch gern«, überlegte ich.

»Aber zurück zu den gelösten Blockaden und dem anschließenden Ausruhen«, sagte Sita. »Das Gleiche gilt nämlich auch für die Manifestation.«

»Für die Manifestation? Was hat die Manifestation denn mit meinem Rücken zu tun?«, fragte ich.

»Viel mehr, als du denkst«, lachte Sita. »Dein Rücken führt kein Einzelleben. Alles hängt immer mit allem zusammen. Wir müssen die Dinge immer im Gesamtbild betrachten, sonst übersehen wir zu viel. Was also hat dein Rücken mit der Erfüllung deiner Wünsche zu tun? Ganz einfach: das ist eine Kette.« Und sie erklärte: »Je entspannter du bist, umso entspannter ist deine Rückenmuskulatur und umso entspannter ist deine Muskulatur allgemein – und umso besser kann deine Energie fließen. Und genau das ist der Punkt: Deine Energie muss fließen können. In deinem Körper und außerhalb deines Körpers.« Dabei führte Sita ihre Hände entlang ihres Körpers. »Ich habe beobachtet, dass Menschen, die besonders entspannt sind, besonders gut manifestieren können. Menschen, die dagegen verspannt sind und viele Blockaden in sich tragen, haben Schwierigkeiten, die Erfüllung ihrer Wünsche in ihr Leben zu ziehen.«

»Halleluja. Das heißt, meine harte Nackenmuskulatur ist schuld, dass sich meine Wünsche bisher nicht erfüllt haben?«, fragte ich jetzt noch verwunderter.

»Natürlich nicht direkt«, antwortete Sita. »Aber indirekt schon. Denn du musst überlegen: Was hat denn zu der harten Muskulatur geführt? Was hat denn diese Blockade ausgelöst?« Sita sah mich auffordernd an. »Die Blockade ist ja nicht aus dem Nichts gekommen. Es sind deine innere Einstellung, deine innere Verkrampftheit, dein innerer Druck, besonders der Druck, den du auf dich selbst ausübst, die dazu geführt haben. Diese inneren Blockaden führen irgendwann zu äußeren Blockaden. Insofern ist die körperliche Verspannung nur ein Spiegel deines Inneren. Insofern ist deine steinharte Nackenmuskulatur eine Aufforderung an dich, mal nach innen zu schauen«, erklärte sie mir geduldig.

Jetzt war ich wirklich erstaunt. Meine Nackenverspannung ist eine Aufforderung, nach innen zu schauen. Na gut.

»Es geht natürlich auch um deinen Rücken, aber in Wahrheit geht es um viel mehr«, sagte Sita. »In Wahrheit geht es darum, ob deine Energie ohne Störungen fließen kann. Erst wenn unsere Energie, besonders die Erfüllungsenergie, ohne Widerstände fließen kann, wird sie die Erfüllung anziehen. Daher ist es ganz wichtig für die Manifestation, alles, was uns blockiert, loszulassen.« Und sie reichte mir einen Zettel, auf dem stand:

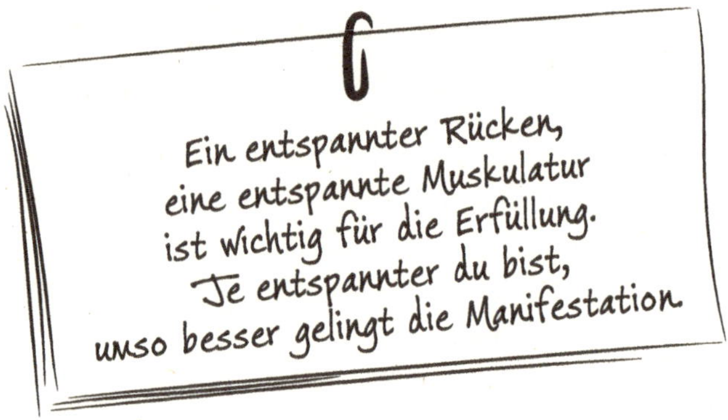

»Lass jede Form von Druck los, das ist ganz wichtig. Wir haben ja alle oft Druck von außen«, sagte Sita. »Aber soll ich dir mal was sagen? Das ist gar nicht das größte Problem. Das größte Problem ist unser innerer Druck. Also der Druck, den wir uns selber machen. Genau dieser Druck ist es, der der Manifestation im Weg steht. Er bildet auch wieder eine Art Mauer.« Sita seufzte: »Er ist tatsächlich einer unserer größten Feinde: der Druck, den wir uns selber machen. Wir denken oft, unsere Feinde – oder sagen wir mal: unsere Gegner – würden im Außen lauern. Das stimmt so aber nicht. Unsere größten Feinde wohnen immer in unserem Inneren. Und der Druck steht da ganz oben auf der Liste.«

»Oje«, murmelte ich. »Das kann ich auch ganz gut – mir selber Druck machen. Aber, Sita, ich dachte immer, so ein bisschen Druck wäre ein guter Ansporn. Etwas Druck sorgt schließlich auch dafür, dass ich nicht den ganzen Tag mit Teetrinken verbringe und auch mal ins Tun komme.«

»Vorsicht«, sagte Sita, »das ist ein Missverständnis. Druck ist nie gut. Du verwechselst Druck gerade mit einem liebevollen inneren Anstupser«, erklärte sie.

»Hm, und wo ist da der Unterschied?« Für mich klang beides gleich.

»Der Unterschied ist, dass Druck negativ ist. Druck schwächt dich immer, er ist destruktiv und stresst. Ein liebevoller Anstupser ist das Gegenteil: Er ist konstruktiv und motiviert dich. Er ist positiv und spornt dich an, aber er stresst nicht. Verstehst du das?«

»Ja, das klingt einleuchtend.« Das verstand ich. Es ist tatsächlich ein riesiger Unterschied. Doch nun ergab sich eine weitere Frage: »Wie werde ich meinen eigenen Druck denn los? Wenn der in mir ist, ist das ja nicht so einfach, oder?«

»Doch«, lachte Sita, »das ist ganz einfach. Auch dafür gibt es wieder einen wunderbaren Trick oder sagen wir einen wunderbaren Zaubersatz, einen Druck-Verschwinde-Satz.« Sie lächelte. »Und dieser Satz lautet: ›Danke, lieber Druck, dass du bei mir warst, aber ich brauche dich jetzt nicht mehr. Ich manifestiere jetzt.‹« Und weil ihr das offenbar ganz wichtig war, hatte sie »zufällig« diesen Zaubersatz auch noch einmal auf einen Zettel für mich notiert (ich frage mich ja, woher sie immer diese Zettel zaubert ...):

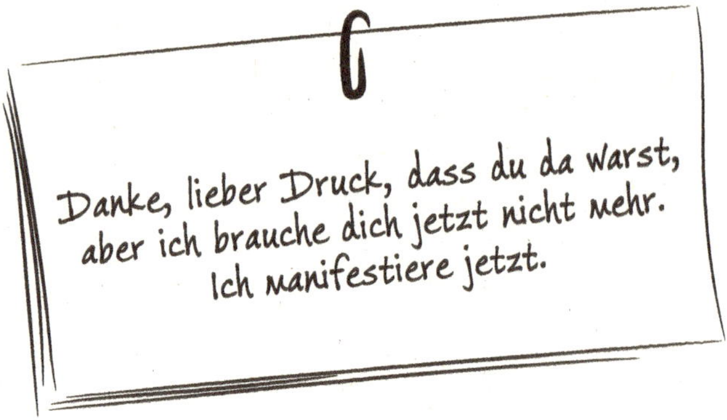

»Das ist ja ein ähnlicher Satz wie bei den negativen Gedanken«, erinnerte ich mich.

»Ja, meine Liebe. Das ist so. Dieser Satz ist einfach wunderbar. Du kannst ihn immer wieder neu einsetzen: bei der Angst, dem Zweifel, dem Druck und noch anderen Störenfrieden. Er ist einfach super wirkungsvoll, weil wir eben so nicht gegen unsere Störenfriede kämpfen, sondern sie einfach nur liebevoll wegschicken. Und Tschüss. Das ist ein unendlich wichtiges Geheimnis bei der Manifestation.«

»Was ist das Geheimnis? Was meinst du?«, fragte ich nach.

»Das Tschüss-Geheimnis«, sagte Sita zwinkernd. »Das Tschüss-Geheimnis ist der Trick. Damit lernen wir, nicht zu kämpfen und einfach nur Tschüss zu sagen. Die meisten Leute denken ja, sie müssten gegen unliebsame Eigenschaften kämpfen, um sie loszuwerden. Ich weiß auch nicht, wer diesen Unsinn in die Welt gesetzt hat, das frage ich mich schon lange. Denn das genaue Gegenteil ist richtig: Wenn wir etwas loswerden möchten, dann müssen wir gerade nicht dagegen kämpfen! Verrückt, nicht wahr? Das genaue Gegenteil ist richtig. Das genaue Gegenteil. Verstehst du, warum?«, fragte sie mich.

Ich schüttelte den Kopf. »Nicht wirklich.«

»Weil alles, wogegen wir kämpfen, nur noch größer wird.« Und dabei hob sie ihre rechte Hand weit über ihren Kopf. »Es wird viel größer. Es wird größer, weil wir es mit unserer Aufmerksamkeit füttern und wachsen lassen, wir Dummis.« Sie seufzte. »Wenn du wirklich willst, dass dein Druck verschwindet, dann beachte ihn nicht länger.«

»Ja, aber ...«, fiel ich ein, »aber ich dachte, es ist wichtig, zu wissen, woher der Druck kommt. Wie können wir sonst vermeiden, dass er wiederkommt? Wir müssen doch die Ursache kennen? Das ist doch wichtig, oder nicht?«

»Nein, musst du nicht. Du musst die Ursache nicht kennen«, widersprach Sita. Du kannst auch ganz anders an die Sache herangehen – quasi vom Ende aus: Wenn du den Druck nicht mehr beachtest, dann verschwindet er von ganz allein. Er verschwindet einfach aus deinem Leben. Das ist tatsächlich so. Er verschwindet von selbst. Das musst du unbedingt mal versuchen.« Sita machte eine Handbewegung und wischte von links nach rechts, als würde sie eine Arbeitsplatte abwischen, und reichte mir einen Zettel:

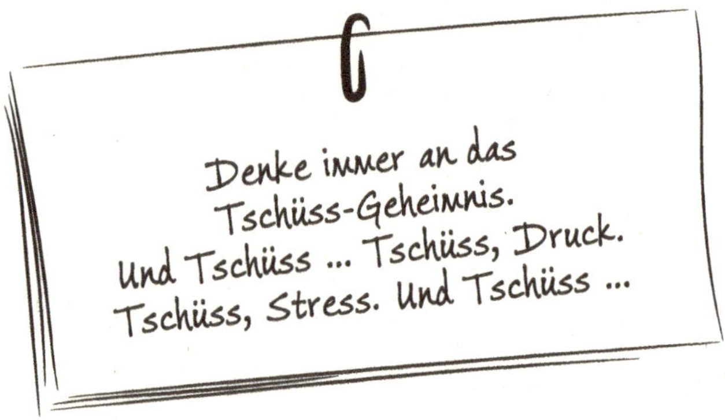

»Meine Erfahrung sagt: Alles, worauf du deine Aufmerksamkeit richtest, wird größer«, erklärte Sita. »Alles. Es ist deine Entscheidung, worauf du sie richtest: auf den Druck oder auf die Manifestation? Am Ende des Tages entscheidest immer du selbst.«

»Hilfe, na dann entscheide ich mich lieber für die Manifestation.« Also, das war mir völlig klar. »Mach es gut, lieber Druck. Ich habe keine Zeit mehr für dich.« So nutzte ich das Tschüss-Geheimnis. Das machte übrigens richtig Spaß.

Sita freute sich mit mir und zeigte nach rechts: »Siehst du, wie er davonschleicht, dein Druck? Siehst du, wie er abzieht?« Wir sahen dem imaginären Druck nach und ich fühlte mich jetzt schon total befreit.

Wahnsinn, wer hätte gedacht, dass so ein einfacher Satz und eine einfache Vorstellung zu so einer tiefen Befreiung führen kann? Unglaublich. Und da habe ich neulich noch ein Buch gelesen, in dem es einzig und allein darum ging, den Druck zu reduzieren – zweihundert Seiten lang! In Wahrheit reichen ein einziger Satz und eine kurze Visualisierung. Manches kann so einfach sein. Das Buch hatte nicht viel bewirkt, aber dieser eine Zaubersatz, der hat mich befreit.

Da fiel mir noch etwas ein: »Sita, weißt du, was ich auch noch nicht ganz verstanden habe? Man soll ja seinen Wunsch loslassen, damit er sich erfüllt, habe ich mal gehört. Und gleichzeitig soll man sich aber auch auf seinen Wunsch fokussieren. Das kapiere ich nicht. Wie soll das gehen? Loslassen und gleichzeitig fokussieren? Ist das nicht ein Widerspruch in sich?«

Sita war sichtlich erfreut über meine Frage. »Das ist eine ganz tolle Frage, meine Liebe, eine richtig gute Frage. Und es stimmt, zunächst hört sich das paradox an. Ist es aber nicht. Die Antwort ist: Wir müssen nur die W-Fragen loslassen.«

»Die W-Fragen? Was sind denn jetzt schon wieder die W-Fragen?«, wollte ich wissen. »Wenn ich so darüber nachdenke, fangen doch alle Fragen mit W an, oder? Wie, wann, wo, warum ...«

»Ja, und genau das ist es«, freute sich Sita. »Genau das ist es: Lass alle W-Fragen, die die Erfüllung betreffen, weg: WIE wird sich mein Wunsch erfüllen? WANN wird sich mein Wunsch erfüllen? WO wird sich mein Wunsch erfüllen? WIE lange dauert es noch, bis sich mein Wunsch erfüllt? Genau das sind die Fragen, die du loslassen musst.«

Okay, das verstand ich.

»Erinnerst du dich noch, wie du als Kind immer deine Eltern genervt hast, wenn ihr unterwegs wart?«, fragte Sita. »Wie lange fahren wir noch, wann sind wir endlich da? Und so weiter. Genauso nerven unsere Fragen das Universum auch.« Sie lachte. »Wie lange noch, bis sich mein Wunsch erfüllt? Wann kommt die Erfüllung endlich ...«

»Ja, genauso war es«, lachte ich nun auch. »Genau damit bin ich meinen Eltern so richtig auf die Nerven gegangen. Nach zehn Minuten Autofahrt habe ich schon angefangen zu fragen: Wie lange noch? Wie lange noch? Wann sind wir endlich da?« Ich musste echt grinsen, als ich daran dachte. Meine Mutter hat dann zum Beispiel geantwortet: Nur noch vier Stunden, dann sind wir da. Sehr witzig, aus heutiger Sicht.

Hast du das früher auch erlebt? Bestimmt, oder? Ich glaube, das machen fast alle Kiddis.

»Ja«, sagte Sita. »Wenn Kinder das machen, ist das ganz lustig, aber bei der Manifestation ist es nicht mehr so lustig, sondern sogar sehr unlustig. Weißt du, warum wir diese Fragen unbedingt vermeiden müssen, warum wir sie ›loslassen‹ müssen?«

Ich überlegte, aber ich kam nicht drauf.

Doch Sita erklärte es mir: »Weil diese Fragen der Manifestation regelrecht im Weg stehen. Wie ein Hindernis. Wie eine Straßensperrung. Diese Fragen offenbaren nämlich eine Schwäche. Sie offenbaren, dass wir uns nicht ganz sicher sind. Sie offenbaren, dass wir nicht genug vertrauen. Sie offenbaren, dass etwas in uns an der Erfüllung zweifelt.«

Upps. Ich habe auch schon oft gedacht: Wann erfüllt sich mein Wunsch endlich? Ich fühlte mich etwas ertappt. Kennst du das auch? Wenn man insgeheim ungeduldig ist und sich fragt, wann die Wünsche endlich erfüllt werden? Und ob sie überhaupt erfüllt werden?

Mann, ich wusste ja nicht, was diese Fragen anrichten. Hm. Ich war froh, dass Sita mir das jetzt erklärte.

»Du musst diese Fragen loslassen und vertrauen. Das ist das Fundament der Manifestation. Und du kannst dir ja vorstellen: Je stabiler das Fundament, umso besser klappt es mit der Manifestation. Vertrauen ist das Fundament für die Erfüllung deiner

Wünsche. Je stabiler es ist, umso erfolgreicher ist die Manifestation. Und, meine Liebe, damit ist das hundertprozentige Vertrauen gemeint. Vertrauen ist das Allerallerallerwichtigste«, betonte Sita noch einmal. »Das war bei uns an der Universität sogar ein eigenes Fach. Wir haben zwei Semester lang Vertrauensübungen gemacht und gelernt, wie wir immer im Vertrauensmodus bleiben. Und zwar egal, was passiert. Denn genau darum geht es ja. Es ist einfach, im Vertrauen zu sein, wenn alles glattläuft. Die Kunst ist es, im Vertrauen zu bleiben, wenn es mal gerade nicht so rundläuft«, erzählte sie.

»Vertrauen – ein eigenes Fach, das ist ja interessant.« Ich fand das wirklich bemerkenswert. »Ein eigenes Fach, nur um im Vertrauen zu bleiben. Dann scheint das ja tatsächlich mehr als wichtig zu sein für die Manifestation.«

»Oja, das ist es.« Sita erzählte weiter: »Eine Frau aus einer kleinen Teestube in der Nähe des Taj Mahal hat mich übrigens vor Jahren schon darauf aufmerksam gemacht. Sie sagte zu mir: Schau dir mal die Leute an. Nur ganz wenige Menschen vertrauen zu 100 Prozent. Sie beobachtete seit Jahren die Tausenden Besucher aus aller Welt und erkannte: Die meisten Menschen vertrauen nur wenig, maximal zu 60 oder 70 Prozent. Aber um das zu erkennen, brauchen wir natürlich nicht erst zum Taj Mahal zu reisen«, sagte Sita. »Schau dir einfach mal die Leute in deiner Umgebung näher an: deine Freunde, deine Kollegen, deine Familie, deine Nachbarn. Wie sieht es denn bei denen aus? Haben sie Vertrauen in die Erfüllung ihrer Wünsche?«

Ich ging kurz ein paar Leute durch: »Oje, ich glaube, da ist kein Einziger dabei, der zu 100 Prozent an die Erfüllung glaubt und in sie vertraut. Kein Einziger. Ich selber mit eingeschlossen.«

Wie ist das bei dir? Glaubst du zu 100 Prozent daran? Bestimmt auch eher nicht, oder? Gut, dass wir jetzt darüber sprechen.

Denn jetzt können wir fragen, so wie ich das tat: »Sita, wie schaffen wir es denn, dass wir zu 100 Prozent darauf vertrauen? Ich meine, wenn das so wichtig ist, müssen wir das ja unbedingt lernen.«

»Ja, das ist wichtig. Schade ist allerdings, dass wir das alle erst wieder lernen müssen. Aber so ist es eben. Kinder haben dieses hundertprozentige Vertrauen noch, aber dann wird es mit der Zeit immer kleiner. Es wird kleiner, weil es uns regelrecht ausgetrieben wird. Weißt du auch, wie und warum das passiert?« Sita sah mich fragend an. »Das passiert, weil der Fokus in der Erziehung von Jahr zu Jahr mehr auf den Verstand gerichtet wird.«

Und dann zeigte Sita auf einen Vogel, der oben in einem Baum auf einem Ast saß.

»Siehst du die Amsel dort oben?«, fragte sie mich. »Siehst du, wie sie auf dem Ast sitzt?«

Ich schaute nach oben und erblickte die Amsel: »Ja, ich sehe sie.«

»Was können wir von diesem Vogel lernen?«, fragte Sita.

»Von einem Vogel etwas lernen?« Ich überlegte und fragte: »Vielleicht, dass wir auch einfach mal nur so da sitzen sollten?«

»Das auch«, schmunzelte Sita. »Aber wir können noch mehr von ihm lernen.« Sie erzählte, dass ihr Großvater sie in ihrer Kindheit auf dem Dorf immer wieder darauf aufmerksam gemachte hatte: »Der Vogel sitzt auf dem Ast. Er sitzt dort, aber er macht sich keine Sorgen darüber, ob der Ast eventuell brechen könnte. Stattdessen vertraut er auf die Kraft seiner Flügel.« Sita sah mich von der Seite an. »Verstehst du das? Er macht sich keine Sorgen, er vertraut auf seine Fähigkeiten.«

Ich betrachtete die Amsel, wie sie da auf dem Ast hockte, und erkannte diese wunderbare Weisheit, die in Sitas Worten steckte.

»Ja, Sita, das ist ein wunderbares Bild«, sagte ich und nahm den Zettel entgegen, den sie mir reichte:

> Denk immer an die Amsel auf dem Ast:
> Der Vogel macht sich keine Sorgen,
> dass der Ast brechen könnte.
> Er vertraut stattdessen auf die Kraft
> seiner Flügel. Vertraue du auf die
> Kraft deiner inneren Flügel.

»Und genau das müssen wir Menschen wieder lernen«, sagte Sita. »Wir müssen lernen, in unsere eigenen Fähigkeiten zu vertrauen. Wir müssen lernen, wieder auf die Kraft unserer inneren Flügel zu vertrauen. Denn das haben wir im Laufe der Jahre leider verlernt.«

»Ja, das ist wohl wahr«, stimmte ich zu. »Das stimmt total.«

»Die meisten Leute machen sich ständig über irgendetwas Sorgen. Eigentlich ist das ihr Hauptberuf: sich Sorgen machen«, sagte Sita. »Sie stehen morgens auf und machen sich Sorgen, sorgen sich dann den ganzen Tag über und gehen abends ins Bett und machen sich immer noch Sorgen. Das ist Mist«, rief Sita energisch. »Das ist totaler Mist. In der Sorgenzeit kann man nicht manifestieren! Sich Sorgen machen und gleichzeitig manifestieren – das geht nicht. Das ist absolut unmöglich. Verstehst du jetzt dieses Dilemma?«

Ich nickte, denn erahnen konnte ich es durchaus.

Sita fuhr fort: »Jedes Mal, wenn du dir Sorgen machst, entfernst du dich von der Erfüllung deiner Wünsche. Ende Gelände. Das ist die bittere Wahrheit. Und hinzu kommt noch: Sich Sorgen zu machen ist fast immer total überflüssig.«

»Na ja so überflüssig finde ich das nicht«, wandte ich ein. »Es gibt so viele Probleme in dieser Welt. Guck dir doch mal an, in welchem Zustand die Welt gerade ist. Ich finde, da muss man sich auch mal Sorgen ...«

»Stopp«, unterbrach mich Sita. »Das ist so nicht richtig. Du kannst Probleme und Missstände zur Kenntnis nehmen und dir eine Lösung einfallen lassen. Aber sich Sorgen machen löst überhaupt nichts. Sich Sorgen zu machen ist das Sinnloseste überhaupt. Schau mal ...«, sagte Sita wieder etwas sanfter, »was passiert, wenn du dir Sorgen machst? Löst sich davon irgendein Problem?«

Ich überlegte einen Moment. »Nicht wirklich, das muss ich zugeben.« So hatte ich das noch nie betrachtet.

»Es passiert sogar das Gegenteil«, führte Sita näher aus. »Sich Sorgen machen schwächt dich – und jeden anderen auch. Sich Sorgen machen zieht dich runter. Wenn du dir Sorgen machst, ist das so, als ob du im Fahrstuhl nach unten in Richtung Keller saust. Und du erinnerst dich doch an die kleine Zeichnung und an das Tor zum Universum, das Tor zur Erfüllung?«, fragte sie.

»Ja klar erinnere ich mich daran.« So viel stand fest.

»Sich Sorgen machen entfernt dich von diesem Tor, es entfernt dich von der Erfüllung. Sich Sorgen machen heißt auch, dass du in Wahrheit kein Vertrauen hast, weder in dich und deine Fähigkeiten noch ins Universum.« Sita war diese Sache sehr wichtig, das merkte man.

»Ich habe das auf der ganzen Welt beobachtet: Menschen, die gut manifestieren können, die die Verwirklichung ihrer Wünsche in ihr Leben ziehen können, die machen sich nicht unnütz Sorgen. Diese

Menschen sind selbstbewusst und in ständiger Verbindung mit dem Universum. Sie vertrauen in ihre Fähigkeiten und nutzen sie.«

»Hm, das ist ja wirklich eine ganz andere Denkweise.« Mir ging in dem Moment ein Licht auf.

»Menschen, die die Kraft und die Möglichkeiten des Universums nutzen, die sind wie dieser Vogel auf dem Ast«, hielt Sita noch einmal fest und schob dann hinterher: »Nein, sie sind sogar noch besser, noch viel besser.« Sie überlegte kurz und fragte dann: »Soll ich dir mal was Lustiges sagen? Wenn Menschen auf einem Ast sitzen würden, würden sie sich vom ersten Moment an Sorgen machen, ob der Ast halten wird. Sie würden die ganze Zeit über das Problem nachdenken und ob sie nicht vielleicht zu schwer für den Ast sind oder ob der Ast nicht vielleicht zu dünn ist. Und am liebsten würden sie eine Versicherung abschließen – eine Astabbruch-Versicherung«, spottete Sita.

Eine Astabbruch-Versicherung, da musste ich auch lachen. Aber Sita hatte nicht ganz unrecht damit, wir versichern ja tatsächlich alles, was nicht bei drei auf dem Baum ist.

Und dann gab sie mir noch diesen Tipp: »Geh jeden Tag spazieren und schau dir die Vögel in den Bäumen an. Und denke an diese Weisheit. Dann wird mit der Zeit diese Kraft des Vertrauens auf dich übergehen.«

»Guter Vorschlag, Sita, aber da wo ich wohne, gibt es nicht so viele Vögel«, wandte ich ein. »Also, es gibt schon jede Menge schräger Vögel, aber die sitzen nicht auf einem Ast, sondern die laufen durch die Straßen.«

Ich lachte und Sita musste über den Vergleich auch lachen. Sie bestätigte: »Ja, da hast du recht. Es gibt tatsächlich jede Menge schräger Vögel auf dieser Welt.« Sie schüttelte lachend den Kopf. »Aber, wenn du keine echten Vögel in deiner Umgebung hast und nur wenige Bäume, dann kannst du es auch einfach visualisieren. Das ist genauso wirkungsvoll. Stell dir einen Vogel auf seinem Ast vor und fühle, wie sein Vertrauen in seine Flügel auf dich übergeht. Das ist übrigens eine wunderbare Morgen-Visualisierung: Stell dir in Gedanken den Vogel auf dem Ast vor und spüre, wie dadurch dein Vertrauen wächst. Dann gehst du gestärkt und voller Vertrauen und regelrecht beflügelt in den neuen Tag hinein. Schön, nicht wahr? Dann bist du nicht länger ein Opfer deiner Sorgen, sondern eine Gestalterin und Manifestiererin. Und das willst du ja sein, nicht wahr?«

Und wie ich das wollte!

Sita reichte mir einen Zettel:

Alle Fähigkeiten, die du für die Erfüllung deiner Lebensaufgabe brauchst, sind in dir. Vertraue auf sie. Jeder Mensch trägt alle Fähigkeiten, die er braucht, in sich.

»Alle Fähigkeiten sind in mir«, wiederholte ich. Das klang gut und ich erinnerte mich auf einmal, dass uns unsere Englisch-Lehrerin damals vor der Abiklausur auch einen Zettel übergeben hatte. Darauf stand: »Alles Wissen ist in dir.«

Das war toll von dieser Lehrerin. Absolut toll. Ich glaube, es lag auch an diesem Zettel und diesem Motivationsschub, dass der ganze Kurs dann ziemlich gute Noten geschrieben hat. Ja, alles Wissen ist in uns, und ja, alle Fähigkeiten, die wir brauchen, sind es auch. Ein schönes Gefühl. Ein sehr schönes Gefühl.

Da fiel mir noch etwas ein: »Sita, kennst du das Lied ›Guten Morgen, liebe Sorgen, seid ihr auch schon alle da?‹ Das ist ja dann eigentlich total bescheuert, oder?«

»Ja, das ist es.« Sita summte das Lied. »Es ist zwar lustig, aber in der Tat etwas bescheuert«, stellte sie fest. »Es stellt die Weichen für den Tag in eine völlig falsche Richtung. Es stellt die Weichen in Richtung Sorgen. Aber weißt du was?« Sita wirkte schon wieder total begeistert. »Wir texten diesen Song jetzt einfach um und stellen die Weichen neu.« Und schon begann sie zu singen: »Guten Morgen, liebes Vertrauen, bist du auch schon wieder da? …« Und sie lachte dabei glücklich.

»Cool! Das ist eine gute Idee.« Ich sang den neuen Text mit. Der war doch gleich viel besser. »Guten Morgen, liebes Vertrauen, bist du auch schon wieder da?«

Nachdem wir ein paar Mal diesen neuen Text gesungen hatten, meinte Sita: »Es gibt noch etwas, das ganz wichtig für die Manifestation ist. Es ist sogar enorm wichtig«, unterstrich sie.

Jetzt war ich neugierig. »Was ist das, Sita?«, fragte ich schnell.

»Es ist das Wissen«, erklärte sie. »Das Wissen macht den Unterschied. Du musst wissen, dass sich dein Wunsch erfüllt. Du musst es wissen! Menschen, die gut manifestieren können, die wissen, dass die Erfüllung ihres Wunsches in ihr Leben treten wird. Und genau das ist der Unterschied. Die meisten Leute hoffen nur, dass sich ihr Wunsch erfüllt. Sie hoffen ...!«, sagte sie. »Spürst du den Unterschied? Hoffen ist ein meilenweiter Unterschied zu Wissen. Es sind zwei Welten.«

»Ja, stimmt. Wir hoffen, dass sich unser Wunsch erfüllt. Wir hoffen das sehr«, bestätigte ich. »Das mache ich auch. Ich hoffe, dass sich mein Wunsch erfüllt.«

»Siehst du. Das machen fast alle Menschen – sie hoffen sehr, dass sich ihr Wunsch erfüllt. Aber ich kann dir fast garantieren, dass das Hoffen allein nicht reicht. Und warum nicht?« Sie sah mich direkt an. »Die Antwort ist ganz einfach: Im Hoffen wohnt der Zweifel. Du bist dir nicht ganz sicher, ob sich dein Wunsch erfüllt. Du hoffst es aber. Und genau hier liegt die Wurzel des Hoffen-Übels. Es ist der versteckte Zweifel. Denk an das Gesetz der Anziehung!«, forderte mich Sita auf. »Was passiert, wenn du hoffst? Und damit eine gewisse Prise Zweifel aussendest? Was passiert dann, meine Liebe?«

»Ich ziehe eine Prise Zweifel an?«, fragte ich.

»Ja, genau. Genauso ist es. Du ziehst eine Bestätigung deines Zweifels an.«

»Aber das verstehe ich nicht ganz. Ich sende doch auch Hoffnung aus. Warum ziehe ich dann keine Bestätigung der Hoffnung an?« Das irritierte mich etwas.

Sita schmunzelte: »Das tust du doch. Wenn du Hoffnung aussendest, dann ziehst du Hoffnung an.« Sie machte eine Pause. »Aber das willst du ja gar nicht. Du willst doch Erfüllung anziehen! Und keine Hoffnung. Verstehst du? Wenn du weißt, dass die Verwirklichung deines Wunsches in dein Leben treten wird, dann ziehst du die Verwirklichung an. Das ›Wissen‹ ist der Grundstein der Manifestation. Weil im Wissen das hundertprozentige Vertrauen wohnt. Und da sind wir wieder beim Vertrauen, du erinnerst dich? Das Fundament der Manifestation. Interessant, nicht wahr? Und ganz einfach – am Ende landen wir immer wieder beim Vertrauen«, sagte sie lächelnd. »Alle Menschen, die manifestieren können, wissen, dass das Universum die Erfüllung liefert. Sie wissen vielleicht nicht, wo und wann. Aber das interessiert sie auch nicht sonderlich. Denn sie wissen, dass das Universum genau zur richtigen Zeit liefern wird. Denn das tut es immer.«

Ja, das war wirklich mehr als interessant. Mir ist bisher gar nicht aufgefallen, dass im Hoffen der Zweifel wohnt. Hast du das schon mal bemerkt? Da verkleidet sich der Zweifel als Hoffnung und verdirbt uns unsere Manifestation. Dumm gelaufen.

Ja, die Sache mit dem Vertrauen. Darüber dachte ich noch eine ganze Weile nach. Und ich dachte an Kinder: Wenn sie kein Vertrauen in ihre Fähigkeiten hätten, dann würde kein Kind auf der Welt laufen lernen. Das musst du dir mal vorstellen: Wie oft ein Kind hinfällt, bevor es laufen kann, und jedes Mal steht es einfach wieder auf und versucht es wieder und wieder, bis es klappt. Wo ist bei uns dieses intrinsische Urvertrauen geblieben? Das hatten wir alle ja mal in uns. Aber wenn bei uns heute etwas nicht klappt und wir »hinfallen«, dann zweifeln wir sofort an uns selbst und an unseren Fähigkeiten. Und am Universum. Wir stehen nicht einfach wieder auf, stattdessen ist es uns peinlich und wir ziehen uns zurück und fühlen uns minderwertig und werden innerlich kleiner und kleiner.

Mann oh Mann – was hat diese Welt aus uns gemacht? Aber damit ist jetzt Schluss: Das Gleiche, was für das Laufenlernen gilt, gilt ja auch fürs Manifestieren, das wurde mir auf einmal ganz klar. Jetzt verstand ich auch den Spruch: Werdet wie die Kinder. Ja, das muss damit gemeint sein: Werdet wie die Kinder und habt wieder das Vertrauen in euch und eure Fähigkeiten. Ja, genau das ist bestimmt damit gemeint.

Also, eigentlich brauchen wir gar keinen Vogel als Erinnerung. Eigentlich ist jedes Kind, das wir sehen, eine Erinnerung daran, an unsere eigene innere Kraft zu glauben.

Da bleibt mir nur zu sagen: Danke, liebe Kinder, für diese wunderbare Erinnerung. Danke, liebe Kinder.

Wir Erwachsenen kommen uns so schlau vor, dabei sind wir in Wahrheit diejenigen, die so vieles vergessen haben und erst wieder neu lernen müssen. Wir können mit Messer und Gabel essen, kommen im Leben zurecht und haben eine mehr oder weniger gute Ausbildung, aber das Wichtigste haben wir mit den Jahren vergessen: das Vertrauen. Ja, genauso ist es. Das wurde mir an diesem Tag glasklar. Genauso ist es leider.

Und während ich mich gedanklich mit Vögeln auf Ästen und Vertrauen, mit Kindern und Erwachsenen beschäftigte, wurde es auch schon langsam Abend und Zeit fürs Abendessen.

Ich lief noch schnell auf mein Zimmer, zog mich für den Abend um und schon ging's weiter. Das Essen war mal wieder ein Hochgenuss: Heute gab es, passend zum Tagesmotto, ein ayurvedisches Menu, Vorspeise: Papadams an Gurken-Raita, Hauptspeise: Basmatireis und Dhal, Dessert: Kokosnuss-Lassi – alles einfach himmlisch lecker. Die Köchin würde ich am liebsten klauen und mit nach Hause nehmen. Wie schön das wäre! Jeden Tag so wunderbares Essen.

Ja, und dann kam aber erst das eigentliche Highlight des Tages. Als hätte ich nicht schon genug Highlights gehabt! Es wurde schon dämmerig draußen, als ich in den Garten kam. Es brannten kleine Feuer in extra aufgestellten Feuerschalen und zauberten eine märchenhafte Atmosphäre. Nach und nach kamen Leute von auswärts hinzu, ungefähr zehn Frauen und Männer. Wir setzten uns auf Matten, die in einem Kreis ausgebreitet lagen, und Sita setzte sich mit mehreren Klangschalen in die Mitte. Nach einer Weile forderte sie uns auf, uns hinzulegen und die Augen zu schließen. Dann ließ sie verschiedene Klänge auf ihren Klangschalen ertönen. Manche Töne klangen hell, andere eher dunkel. Und jeder Ton brachte im Körper etwas zum Schwingen und löste kleine und größere Spannungen auf. Das war so wunderschön! Ich hatte das Gefühl, ich wäre in eine andere Welt eingetaucht.

Kennst du das? Hast du auch schon mal eine Klangschalen-Meditation mitgemacht? Genial, nicht wahr? So himmlisch friedlich. Ein Traum.

Zum Abschluss machte Sita noch eine Visualisierungsübung. Eine Übung, die unendlich schön war und die Seele berührte. Sie hieß: Die Reise zum Höheren Selbst. Ich bekomme immer noch Gänsehaut, wenn ich daran denke. Mir liefen die Tränen nur so herunter und den anderen ging es genauso. Erst da wurde mir klar, wie sehr ich mein Höheres Selbst vermisst hatte. Und dass wir beide zusammengehören.

Ich saß an diesem Abend noch lange auf meinem Balkon im Hängekorbsessel, schaukelte vor mich hin und schaute in den Sternenhimmel. Wie hatte ich nur so lange ohne Kontakt zu meinem Höheren Selbst leben können?, fragte ich mich. Ich war so glücklich, dass ich es heute wieder spüren durfte. So unendlich glücklich. Ja, das fühlte sich wunderbar an. Rundum wunderbar.

Weißt du was?

Ich mache die Meditation jetzt auch mit dir. Dein

Höheres Selbst freut sich bestimmt auch schon auf dich. Hast du einen Moment Zeit dafür? Leg schon mal ein Taschentuch bereit.

MEDITATION: DIE REISE ZU DEINEM HÖHEREN SELBST

Schließ deine Augen, atme tief ein und doppelt so lange wieder aus. Komm zur Ruhe.

Stell dir nun vor, du läufst barfuß über eine wunderschöne Wiese. Blumen blühen, die Sonne scheint und es ist angenehm warm. Es weht eine leichte Brise, die Vögel zwitschern. In der Mitte dieser wunderschönen Wiese steht jemand. Siehst du die Person schon? Wie sieht sie aus? Kannst du sie erkennen? Du gehst näher und immer näher und erreichst sie schließlich. Diese Person strahlt dich an und du spürst sofort diese unglaublich tiefe Verbundenheit. Du weißt, dass ihr euch schon ewig kennt. Ihr seid so unendlich glücklich, dass ihr euch wiedergefunden habt, und umarmt euch innig. Die Person streicht über deine Haare und sagt »Endlich! Endlich bist du da.«

Du spürst ein Glück, das nicht von dieser Welt ist. Du fühlst dich auf einmal vollständig. Diese Person ist dein Höheres Selbst. Endlich habt ihr euch gefunden: Du und dein Höheres Selbst. Endlich.

Ist das schön? Laufen dir jetzt auch die Tränen?

Sita hat mir übrigens noch erklärt, dass wir diese Meditation jederzeit wiederholen können. Wann immer wir eine Frage haben, können wir unser Höheres Selbst fragen. Es kennt die Antwort.

Und dann hat sie mir noch etwas gesagt: Sie hat gesagt, dass die Verbindung zu unserem Höheren Selbst sehr vorteilhaft für die Manifestation ist. Warum? Weil wir jetzt wissen, dass es viel mehr gibt als das, was wir sehen und die ganzen irdischen Dinge. Es gibt so viel mehr zwischen Himmel und Erde, so viel mehr. Und die Verbindung mit unserem Höheren Selbst gibt uns inneren Frieden. Und unser innerer Frieden ist der beste Nährboden für die Manifestation.

Viele Menschen denken, sie wären nur ihr Ebenbild, das sie im Spiegel sehen, also ihr Ego und der Körper. Aber dem ist nicht so. Im Gegenteil: Das, was wir da im Spiegel sehen, ist der kleinste Teil von uns.

Wahnsinn, oder? So spannend das Ganze!

Innerer Friede ist wichtig für die Manifestation.

Komm, wir beide, wir versprechen uns jetzt etwas: Wir bleiben dran – wir werden wieder wie Kinder, zumindest ab und zu mal. Wir vertrauen in unsere Fähigkeiten. Laufen können wir ja schon, deshalb lernen wir jetzt fliegen. Also symbolisch gesehen. Und manifestieren.

Ach, ich wollte dir ja unbedingt noch etwas erzählen. Bevor ich das vergesse, mache ich das jetzt. Ich wollte dir von dieser ganz besonderen Geste erzählen, erinnerst du dich? Von der Erfüllungsgeste.

Sita berichtete mir davon: »Es gibt eine Geste, mit der wir die Erfüllung unserer Wünsche schneller anziehen können. Diese Geste wirkt Wunder. Diese Geste ist einfach wunderbar. Ich persönlich mache sie mindestens einmal jeden Tag. Meine Studenten mussten sie auch immer zu Beginn einer Vorlesung machen. Sie schwärmen noch heute davon. Ich mache dir die Erfüllungsgeste nun einmal vor und du machst sie bitte gleich mit«, forderte sie mich auf.

Und dann hielt sie ihre Arme vor ihren Körper, legte die beiden Handflächen aneinander und drehte die Hände um, sodass die Handflächen nach oben geöffnet waren. Sie schaute, ob ich alles richtig nachmachte, und sagte dann: »Und jetzt spüre die Energie, die aus deinen Handflächen strahlt. Spüre, wie du bereit bist zu empfangen.«

Das hört sich zuerst irgendwie super esoterisch an: Spüre die Energie, die aus deinen Handflächen strahlt. Aber was soll ich dir sagen? Da spürt man wirklich etwas. Und wenn du dazu die Worte sagst: »Danke für die Erfüllung, liebes Universum. Danke«, dann spürst du die direkte Verbindung zwischen dir und dem Universum. Die direkte Verbindung. Das fühlt sich fast magisch an.

Es ist total krass. Mach das jetzt auch mal, damit du das verstehen kannst. Arme vor den Körper, halb gebeugt, die Hände aneinanderlegen und die Handflächen nach oben öffnen. Dabei die Worte sagen:

»Danke für die Erfüllung, liebes Universum.«

Spürst du das auch? Wahnsinn, nicht wahr? Das kribbelt richtig.

Jaja, Sita war wirklich eine absolute Expertin auf ihrem Gebiet. Ich war mal wieder schwer beeindruckt.

Und auch langsam etwas müde.

Ich flog jetzt erst einmal in mein gemütliches Bett. Ich war absolut beeindruckt von diesem Tag. Wie sollte ich das Erlebte nur jemals verarbeiten?, dachte ich noch, und dann war ich auch schon eingeschlafen. Ich glaube, ich hatte wilde Träume, aber ich konnte mich am nächsten Morgen nicht mehr richtig erinnern. Nur noch an so einzelne Fetzen ...

DAS SIEBTE GESETZ DER WUNSCHERFÜLLUNG:

Folge den Zeichen

Das ist aber wichtig«, sagte Sita am nächsten Morgen beim Frühstück zu mir. »Es ist wichtig, dass du dich an deine Träume erinnerst. Nachts bekommen wir viele Botschaften. Sehr viele und sehr wichtige. Das Universum spricht nachts mit uns. Ja, das tut es tatsächlich, guck nicht so«, lachte Sita.

»Ich würde mich ja gern erinnern«, antwortete ich, »aber wenn ich morgens aufwache, dann fallen mir manchmal noch ein oder zwei Szenen aus meinem Traum ein, aber der Rest ist zerplatzt wie eine Seifenblase. Was soll ich also machen?«

»Das kannst du lernen«, sagte Sita. »Und das solltest du auch. Das sollte jeder Mensch lernen. Denn andernfalls bleibt eine wichtige Infoquelle oder Botschaftsquelle leider verschlossen. An meiner Universität hatten wir das Fach Traumkunde, damit uns nichts mehr entgeht. Wir haben gelernt, uns komplett an unsere Träume zu erinnern, und wir haben noch mehr gelernt. Wir haben gelernt, wie das Universum uns nachts unsere Fragen beantwortet.«

»Das will ich auch können«, rief ich begeistert. »Kannst du mir das beibringen?«, bat ich.

»Aber natürlich. Dafür bin ich ja da«, sagte Sita sanft. »Dafür bin ich ja da. Also: Als Erstes solltest du dir ein leeres Heft oder Buch neben dein Bett legen. Lass es uns Traumfänger-Buch nennen«, begann sie.

»Traumfänger-Buch«, freute ich mich. »Traumfänger-Buch klingt nice. Ich habe es jetzt schon lieb, mein kleines Traumbuch.«

»Wenn du morgens wach wirst, dann musst du sofort alles aus deinen Träumen, woran du dich erinnerst, darin notieren. Zwei Dinge sind wichtig: sofort und alles! Jeder Erinnerungsfetzen ist wichtig. Schreib alles auf, auch wenn es scheinbar keinen Zusammenhang gibt. Das ist wirklich wichtig. Mach das jeden Morgen. Du wirst merken, wie sich deine Erinnerung steigert, von Tag zu Tag und von Woche zu Woche. Und mit der Zeit wirst du erkennen, dass du Botschaften in und durch deine Träume bekommst. Ja, das ist tatsächlich so, das Universum spricht nachts mit uns. Mit jedem von uns. Das ist sehr aufregend«, schwärmte Sita. »Wir haben damals an der Universität so wunderbare Experimente gemacht. Wir haben in unseren Träumen die Zukunft gesehen und wir haben dem Universum abends vor dem Einschlafen Fragen gestellt und im Traum dann die Antwort erhalten«, erinnerte sie sich an ihre wunderschöne Studienzeit damals.

»Wow, das will ich auch«, sagte ich. Dann überlegte ich kurz und sagte: »Das will ich unbedingt auch können. Dann frage ich das Universum, wo ich hingehen soll, um meinem Traumpartner zu begegnen.«

»Klar, das kannst du machen, kein Problem«, meinte Sita. »Genauso kannst du das machen. Allerdings solltest du dich dann morgens auch an deinen Traum erinnern. Sonst wäre das ja ungünstig. Das Universum antwortet dir, aber du kleine Schnarchnase vergisst deinen Traum mit dieser Antwort. Das wäre jammerschade.«

»Das wäre allerdings jammerschade«, überlegte ich. Hm.

Und dann erzählte Sita mir von ihren Träumen – und das war der Wahnsinn. Sie träumte tatsächlich Dinge, die dann so eintraten. »Ach, das kann jeder«, beschwichtigte sie. »Das ist keine Kunst, das kann jeder. Das Universum spricht über unsere Träume mit uns. Mit jedem – auch mit dir. Und das ist noch nicht alles, meine Liebe. Das ist bei Weitem noch nicht alles. Das Universum spricht ja nicht nur nachts mit uns – es spricht den ganzen Tag mit uns. Dieses Universum ist total gesprächig«, lachte sie. »Ja wirklich, das ist es tatsächlich.«

»Und was ist, wenn ich es nicht verstehe oder gar nicht erst höre?«, fragte ich nach.

»Mach dir darüber keine Sorgen«, lachte Sita. »Das Universum spricht auch in Form von Zeichen mit dir. Es schickt dir genau die Zeichen, die du verstehst. Mach dir also keine Sorgen darüber, ob du es verstehen wirst. Das wirst du, mit Sicherheit sogar. Also, wenn du es möchtest und zulässt, natürlich nur. Das Universum ist ja nicht dumm. Das Universum weiß, was du verstehst und was nicht. Es führt dich durch die Zeichen schnurstracks zur Verwirklichung deiner Wünsche.« Sita schwärmte schon wieder. »Damit du diese Zeichen erkennst und verstehst, musst du nur etwas hellhöriger und hellsehender werden. Das ist schon alles. Es ist fast ein wenig wie eine Universums-Schnitzeljagd«, lächelte Sita. »Habt ihr als Kinder auch manchmal Schnitzeljagd gespielt?«

Und ob wir das hatten. Ich erinnere mich noch gut an meinen siebten Geburtstag. Da hatten meine Eltern nachmittags eine Schnitzeljagd organisiert, also eher eine Schatzsuche. Sie haben Zeichen ausgelegt, wir mussten sie richtig deuten und ihnen dann folgen. Am Schluss haben wir den Schatz gefunden, erinnerte ich mich an diesen schönen Geburtstag und daran, dass meine Gruppe gewonnen hatte. Darüber freute ich mich noch heute.

»Siehst du«, und darüber freute sich Sita, »so ähnlich ist es hier auch. Wenn du den Zeichen folgst, dann führt dich das Universum zur Verwirklichung deiner Wünsche. Sie reichte mir einen Zettel:

»Das hört sich vielleicht etwas merkwürdig an, aber genauso ist es. Viele Leute können sich das nicht vorstellen, besonders die ›Verbildeten‹, wie ich sie gerne nenne.« Sita schmunzelte. »Die Verbildeten sehen vor lauter Bildung die offensichtlichsten Dinge nicht. Sie sehen die Zeichen, die ihnen das Universum direkt vor die Nase gelegt hat, nicht. Das ist echt schade.«

»Die Verbildeten!« Ich musste lachen. »Das ist ein lustiger Ausdruck, aber er trifft den Nagel auf den Kopf. Das ist mir in meinem Freundeskreis auch aufgefallen. Je verbildeter – um es mit deinen Worten auszudrücken, obwohl du ja selber auch sehr gebildet bist –, umso mehr entfernen sich die Leute von den natürlichen Zusammenhängen. Wie der Facharzt, bei dem ich neulich war. Der hat mich nicht als ganzen Menschen gesehen, sondern nur als Magen.« Total nervig war das. Obwohl der Facharzt nicht direkt etwas mit dem Universum zu tun hat. Auch wenn er wohl dachte, die ganze Welt würde nur um ihn kreisen ... Kennst du auch welche von der Sorte? Zum Glück gibt es auch die anderen. Und die sind oft richtig toll. Na ja, anderes Thema.

»Die Verbildeten zweifeln ständig und merken nicht einmal die offensichtlichsten Dinge«, fuhr Sita fort. »Sie bemerken zum Beispiel nicht, wenn das Universum ihnen ihr Geburtsdatum ständig vor die Nase setzt.« Sita schüttelte den Kopf.

»Ihr Geburtsdatum?«, fragte ich erstaunt. »Warum ihr Geburtsdatum?«

»Ach, das muss ich dir noch mal in Ruhe erklären«,

sagte sie. »Das Universum spricht auch über Zahlen mit uns. Das ist hochspannend, aber sehr komplex.«

»Ich will das wissen«, rief ich. »Ich will das unbedingt wissen. Bitte, Sita, lass uns darüber reden.«

»Na gut, überredet«, lachte sie. »Also, wenn du zum Beispiel eine bestimmte Zahlenreihe, wie die 7777, plötzlich sehr häufig siehst, dann ist das kein Zufall. Dann ist das eine Botschaft. Dann ist das die Botschaft, dass du deinen Talenten folgen sollst. Es bedeutet natürlich noch mehr, aber das würde jetzt zu weit gehen.«

»Eine Zahlenreihe kann eine Botschaft sein? Das ist ja interessant«, staunte ich. »Du meinst, wenn ich die 7777 sehe, dann steckt das Universum dahinter? Im Ernst?« Das war schon ein bisschen spooky.

»Ja, das ist eine Botschaft. Aber natürlich nicht, wenn du die Zahl nur hin und wieder mal siehst. Du muss ihr schon so oft begegnen, sodass du selber denkst: Halt, Stopp, Moment mal, das kann doch kein Zufall mehr sein!«

»Ahh, spannend. Und was bedeuten die anderen Zahlen?« Jetzt war mein Interesse endgültig geweckt.

»Das müssen wir leider wirklich ein anderes Mal vertiefen, das ist so ein weites Feld. Das dauert zu lange. Dafür hatten wir ein separates Fach an der Uni«, erzählte sie.

»Ein Fach für Zahlenreihen? An der Uni? Was es nicht alles gibt«, meinte ich.

»Es ging da natürlich nicht nur um Zahlenreihen«, stellte Sita klar. »Das Fach hieß ›Das Universum und die Zahlen‹. Das war übrigens eins meiner Lieblingsfächer. Es gibt ein Buch, in dem du alles über Zahlen nachlesen kannst, es heißt: ›Liebes Universum, was willst du mir sagen?‹ Zahlen und das Universum gehören ganz eng zusammen. Das wussten schon die ganz alten Kulturen – vor über 3000 Jahren wussten die Menschen das schon! Das musst du dir mal vorstellen. Aber dann verschwand dieses Wissen leider in der Versenkung. Doch zum Glück gab es immer Menschen, die dafür gesorgt haben, dass es nicht total in Vergessenheit geriet. Sie haben dieses Wissen von Generation zu Generation weitergegeben.«

»Ja, was für ein Glück«, bestätigte ich und wusste, dass die älteste Universität der Welt, die versteckt am Rande des Himalayas lag, einen wesentlichen Beitrag dazu geleistet hatte.

»Ich kann dir das jetzt nicht alles erklären, aber die Sache mit der Geburtszahl muss ich dir unbedingt mitgeben«, sagte Sita schließlich.

»Ja, unbedingt!« Ich strahlte sie an. Zum Glück hat sie uns das noch verraten. Zum Glück für uns beide – für mich und für dich.

»Unser Geburtsdatum ist ein ganz besonderes Datum. Nicht nur, weil wir dann Geburtstag feiern, sondern noch aus einem weiteren Grund«, begann Sita. »Unser Geburtsdatum ist, und jetzt pass auf, es ist unsere persönliche Verbindungszahl zum Universum. Tatsächlich, es ist eine ganz wichtige Zahl! Du musst mal darauf achten, wann dir diese Zahl begegnet. Das ist so lustig. Wenn du zum Beispiel gerade überlegst, ob ein bestimmter Weg richtig ist, oder wenn es dir mal nicht so gut geht, dann schickt das Universum oft genau diese Zahl. Wenn ich meine Geburtszahl sehe, dann ist das für mich wie eine liebevolle Umarmung des Universums. Als ob es mir sagt: Hey, ich bin an deiner Seite.«

»Das ist ja cool. Was genau ist denn meine Geburtszahl? Also, wenn ich am 12. Juni 1985 geboren bin, was ist denn dann meine Zahl?«, fragte ich nach. »Ist das dann die Zahl 12061985? Das ist ja meine in Zahlen geschriebene Geburtstagszahl.«

»Fast«, lachte Sita. »Fast. Sie ist noch etwas zu lang. Deshalb lässt man das Jahr meistens weg. Das ist dann in deinem Fall entweder die Zahl 1206 oder die Zahl 126. Beide Zahlen gelten. Achte mal darauf, wann dir deine Zahl begegnet. Wenn ich meine Zahl sehe, dann durchläuft mich immer ein kleiner Glücksschauer. Wie gesagt, für mich fühlt es sich dann immer an wie eine liebevolle Umarmung des Universums.«

Ich freute mich schon drauf, meine Zahl bald mal irgendwo zu sehen.

»Diese Zahl kannst du übrigens auch als Ja deuten«, erklärte Sita weiter.

»Wie als Ja? Wie meinst du das?«, fragte ich. »Wie kann denn eine Zahl Ja bedeuten?« Das erschloss sich mir nicht.

»Ganz einfach: Wenn du eine Frage ans Universum hast und du siehst danach deine Geburtszahl, dann ist das wie ein Ja, das dir das Universum geschickt hat.«

»Du meinst, 1206 oder 126 bedeutet Ja?«

»Genauso ist es«, freute sie sich. »Genauso ist es. Das ist ein Go vom Universum. Go, go, go ...«, lachte Sita und klatschte in die Hände.

»Wenn du also zum Beispiel das Universum fragst, ob du dich bei XY bewerben sollst und du siehst anschließend die Zahl 1206 oder die 126, dann hat das Universum geantwortet. Es hat gesagt: Ja, mach das.«

Das finde ich klasse! Du nicht auch?

»Siehst du«, sprach Sita schon weiter, »genau das ist mit dem Satz ›Folge den Zeichen‹ gemeint. Diese Zeichen sind eine Abkürzung zur Manifestation, zur Erfüllung deiner Wünsche. Wir Menschen denken oft viel zu kompliziert und eben auch viel zu klein. Und durch dieses ..., ich nenne es begrenztes irdisches Denken, gehen wir leider oft Umwege im Leben und dadurch verlängert sich die Zeit bis zur Erfüllung unserer Wünsche. Das ist total unnötig. Wenn wir dagegen den Zeichen folgen, die wir ständig bekommen, dann ist das der kürzeste Weg zur Erfüllung.« Und damit reichte mir Sita mal wieder einen ihrer Zettel.

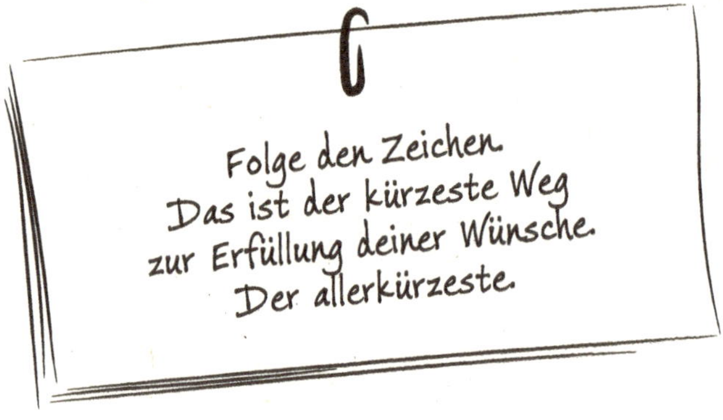

»Folge den Zeichen«, las ich vor. »Das ist der kürzeste Weg zur Erfüllung deiner Wünsche.«

Ja, das hört sich gut an. Sehr gut sogar. Ich habe auch echt keine Lust mehr auf diese ganzen Umwege in meinem Leben. Ehrlich gesagt fühlt sich mein halbes Leben wie ein Umweg an, überlegte ich.

»Okay, Sita. Das mache ich ab sofort. Worauf muss ich noch achten? Welche Zeichen sind noch wichtig? Was muss ich ...« Da unterbrach sie mich schon.

»Stopp«, sagte sie. »Du hättest wohl am liebsten eine Auflistung der Universums-Zeichen?«

»Ja, genau. Das trifft es. Ich hätte sehr gern eine Liste mit möglichen Universums-Zeichen«, bestätigte ich.

»Aber so läuft das nicht«, lächelte Sita. »Das Universum schickt jedem eigene und besondere Botschaften. Das ist eine ganz individuelle Geschichte. Die passt in keine Schublade und es gibt auch keine Liste. Aber ich kann dir sagen, dass das Universum immer eine Möglichkeit findet, dir eine Botschaft zukommen zu lassen. Alles, was du tun musst, ist, aufmerksam zu sein.«

»Aufmerksam sein – okay, das schaffe ich«, sagte ich erleichtert. »Wenn ich jetzt also eine Frage habe, sagen wir mal, ich wollte wissen, ob ich mich in Berlin auf eine neue Stelle bewerben soll oder besser nicht – auf welche Zeichen muss ich dann achten?«, fragte ich nach.

»Wie gesagt, es gibt keine Liste, auch wenn dein Verstand noch so gern eine hätte«, grinste Sita. »Sei einfach aufmerksam – das ist alles. Es kann sein, dass du plötzlich auf Plakaten ständig das Wort ›Berlin‹ siehst, oder dass dir das Wort ›Nein‹ häufig begegnet. Es kann sein, dass dir die Zahlenreihe 1111, die für Neuanfang steht, häufig begegnet – zum Beispiel, dass du ›zufällig‹ immer um 11.11 Uhr auf die Uhr schaust. Es kann sein, dass du plötzlich Artikel über Karrierechancen in einer ganz anderen Stadt liest. Es kann sein, dass du ›zufällig‹ jemanden triffst, der dir eine wichtige Info zukommen lässt. Ach, es gibt tausend Möglichkeiten! Wichtig ist einfach, dass du hellfühlig wirst … Eine Feder ist übrigens auch ein Zeichen«, fiel ihr noch ein.

Sita gab mir am Ende doch noch eine kleine Liste in die Hand: »Hier, damit sich dein Verstand an etwas festhalten kann«, sagte sie lachend.

Einige Möglichkeiten,
wie das Universum mit dir spricht:

Es schickt andere Menschen,
die dir etwas Wichtiges erzählen

Es schickt dir Botschaften und
Hinweise in deinen Träumen

Es schickt dir deine Geburtszahl.

Es schickt dir Botschaften über Zahlenreihen

Es schickt dir dein Spirit-Tier.

Es spricht über Plakate und Artikel mit dir.

Es schickt dir ein gutes oder
ungutes Bauchgefühl.

»Aber, meine Liebe, das sind wirklich nur einige Möglichkeiten. Bleib offen! Je offener du bist, umso mehr Möglichkeiten hat das Universum, dir Hinweise und Botschaften zu schicken. Umso mehr Möglichkeiten hat das Universum, dich zu führen! Dich dahin zu führen, wo die Erfüllung deiner Wünsche schon auf dich wartet.« Sie überlegte. »Weißt du, was der Unterschied zwischen Menschen, die die Erfüllung ihrer Wünsche schnell in ihr Leben ziehen können, und den anderen ist? Die Manifestierer ersparen sich die vielen Umwege. Die folgen einfach den Zeichen des Universums. Die folgen den Zeichen, weil sie wissen, dass das der kürzeste Weg zur Manifestation ist. Die vertrauen darauf, dass das der richtige Weg ist. Und merkst du was?«

»Was soll ich merken?«

»Da sind wir wieder beim Vertrauen«, stellte Sita fest. »Da sind wir wieder bei der Sache mit dem Vertrauen.«

»Na, das war aber jetzt Universumskunde vom Feinsten«, freute ich mich. Ich war froh, dass ich mich erst einmal auf mein Zimmer zurückziehen konnte. Heilfroh. Ich wollte und musste das alles erst einmal sacken lassen.

Ob es wohl auch eine Botschaft ist, dass ich in Zimmer Nummer vier wohne?, fragte ich mich, als ich mein Zimmer aufschloss.

Und soll ich dir mal was sagen? Ich habe das später Sita auch gefragt und ob du es glaubst oder nicht: Sie hat Ja gesagt. Und sie hat sich gefreut, dass mir das aufgefallen ist.

»Ja«, hat sie gesagt. »Ja, das bedeutet etwas. Die Botschaft der Vier ist, dass du auf deine Intuition vertrauen sollst. Dass deine Intuition dir den Weg weist. Passender geht es nicht, oder?«, schmunzelte sie.

Ja, das stimmt. Eine passendere Zahl für diesen Urlaub gab es nicht. Ist das interessant!

Das alles fühlt sich gut an. Richtig gut. Findest du auch?

Ich glaube, wir beide – du und ich – wir sind an einem absoluten Wendepunkt in unserem Leben angekommen. Spürst du das auch? Wenn wir jetzt mit dem Universum zusammenarbeiten und dann noch den Zeichen folgen, was soll dann noch schiefgehen?

Ich freue mich gerade so. Keine Umwege mehr – wie schön ist das denn? Einfach den Zeichen folgen. Machst du mit?

Ich werde ab jetzt jedenfalls auf die Zeichen achten, aber so was von! Ganz besonders auch auf meine Geburtstagszahl. Ich bin ja mal sehr gespannt, wann und wo ich ihr begegnen werde.

Wie lautet eigentlich deine Geburtstagszahl? Wann hast du Geburtstag? Ich bin auch mal gespannt, wann du deine Zahl sehen wirst und wie oft und in welchen Situationen ...

Und als ich so an meinem kleinen Schreibtisch in dem kleinen Erker saß, und alles, was Sita mir erzählt hatte, in mein Wünsche-Buch schrieb, da fiel mir wieder ein, dass Sita gestern gesagt hatte, dass jetzt mein neues Leben beginnen würde.

Da bekam ich Gänsehaut. Ich spürte in dem Moment, dass es genauso sein würde.

Mein neues Leben beginnt gerade.

Und deins ja dann auch.

Freust du dich auch gerade so? Ich könnte tanzen vor Glück und Vorfreude.

Endlich!

Am liebsten würde ich die ganze Welt umarmen. Und dich würde ich jetzt auch so gern umarmen. Wie schön, dass wir beide das zusammen machen. Wie schön.

Gegen 14 Uhr klopfte Sita an meine Zimmertür und fragte, ob ich Lust hätte, sie zu begleiten. Ja, und wie! Dazu hatte ich sogar große Lust.

Ja, und was dann kam, das sprengte alles, was ich mir je hätte vorstellen können. Du wirst gleich sehen, warum. Ich wette, du wusstest auch nicht, dass es so etwas gibt ...

Folge den Zeichen
des Universums

DIE ACHTE STUFE DER MANIFESTATION:

Erfüllungsbeschleuniger und Erfüllungsbremsen

(Obwohl es genau genommen nur sieben echte Stufen gibt)

Sita ging mit mir zu einer Art Planetarium. Es war aber kein Planetarium, es sah nur so ähnlich aus. Das Gebäude hier hatte auch eine Kuppel, genau wie ein Planetarium, ein Dach in Form einer Halbkugel. Es gab aber einen entscheidenden Unterschied: Von hier aus sah man nicht ins Weltall, sondern in die andere Richtung, also quasi umgekehrt auf die Erde, genauer gesagt auf die Menschen. Von hier aus konnte man auf die Leben von jedem von uns schauen. Das war total schräg und etwas verwirrend.

»Was ist das denn?«, fragte ich Sita erstaunt. »Was geht denn hier vor sich?«

Sita amüsierte sich. »Das ist die weltbekannte ›Erkennungslupe‹. Die erste ihrer Art. Sie ist eine wunderbare Erfindung«, erklärte sie. »Eine ganze wunderbare sogar. Ich wollte unbedingt, dass du sie siehst. Du kennst übrigens sogar den Erfinder dieser Lupe.«

»Ich kenne den Erfinder?« Das konnte ich mir nun wirklich nicht vorstellen.

»Ja, du kennst ihn. Es ist Ravi, den wir im Tempel

getroffen haben. Er hat sie erfunden. Deshalb war er hier. Eine großartige Leistung. Es kann sogar sein, dass er dafür eine Art Nobelpreis bekommt. Aber das wird sich erst im nächsten Jahr entscheiden. Lassen wir uns überraschen«, erläuterte mir Sita. »Es dürfen allerdings nur Menschen mit einem gewissen Entwicklungsgrad hier herein. Ich habe das heute Morgen mit Ravi besprochen, und er meinte auch, dass du jetzt bereit dazu bist. Und so hat er uns beide eingeladen.«

»Oh, wie schön.« Das freute mich zu hören. »Was für eine Ehre!« Ich war ein wenig stolz auf mich selbst. Tut auch mal gut, bin nämlich nicht so oft stolz auf mich selbst. Beileibe nicht.

»Das hier ist im weiteren Sinne die achte Stufe der Manifestation. Es gibt natürlich nur sieben echte Stufen, diese Stufe ist die sogenannte Vertiefungsstufe. Es ist die Stufe für Manifestationsexperten«, sagte Sita.

»Für Manifestationsexperten?«, fragte ich erstaunt. »Und warum darf ich dann auch hier rein?«

»Weil das in deinem Lebensplan steht«, antwortete Sita wissend. »Du bist ja nicht zufällig in meinem Kleinen Hotel der Wünsche gelandet, meine Liebe. Das stand schon lange fest. Das stand in deinem Lebensplan.« Sita sah meinen erstaunten Gesichtsausdruck und fuhr fort: »Jeder Mensch hat einen bestimmten Lebensplan. Dieser steht schon vor der Geburt fest. Und in deinem Lebensplan steht, dass du eine Manifestationsexpertin sein wirst.«

»Aha …«, machte ich nur. So ganz konnte ich das noch nicht glauben.

»Aber, jetzt lass uns erst einmal durch diese wunderbare Erkennungslupe schauen«, forderte mich Sita auf. »Kannst du etwas sehen?«

Ich schaute durch diese riesige Lupe und, ja, ich konnte tatsächlich etwas sehen. Wie genial.

Das war ja beeindruckend! Wie eine Zeitreise. Ich sah im Zeitraffer das ganze bisherige Leben von einer jungen Frau, die Sophia hieß. Das war ja krass. Ich konnte sehen, wie das Universum versuchte, ihr die Erfüllung ihres Wunsches zu liefern, wie sie aber selber die Tür immer wieder zumachte. Ich konnte sehen, wie Sophia jeden Tag grübelte und grübelte. Ihre Gedanken drehten sich ständig im Kreis. Sie war ein richtiges kleines Grübelmonster …

Sita lachte: »Ja wirklich, Sophia ist ein richtiges kleines Grübelmonster. Und siehst du, was das Grübeln anrichtet?«

Ich schaute näher hin. Es war der Wahnsinn, das konnte man von hier aus tatsächlich erkennen: Die Grübelei hat dafür gesorgt, dass Sophia die Lieferungen der Erfüllung, für die das Universum ständig sorgen wollte, nicht erkannte. Sie war ständig mit Grübeln beschäftigt – dachte linksherum und rechtsherum und kam gedanklich gar nicht zur Ruhe.

»Schade, nicht wahr?«, sagte Sita. »Sehr schade für Sophia. Sie hat mit ihrer Grübelei die Erfüllung ihrer Wünsche selber verhindert. Sie hat quasi selber die Tür zur Erfüllung zugeworfen! Und weißt du, was noch sehr schade ist? Nicht nur Sophia geht das so. 80 Prozent aller Menschen, denen du begegnest, haben genau das Problem. Sie stecken viel zu oft in dieser Grübelfalle fest. Da musst du unbedingt mal drauf achten – 80 Prozent ist ja kein Pappenstiel. Das bedeutet: Nur 20 Prozent der Menschen, denen du begegnest, stecken nicht in der Grübelfalle. Nur jeder Fünfte! Mach dir das mal klar. Es wäre ja egal, wenn die Grübelei keine Schäden anrichten würde. Tut sie aber. Denn während eine Person grübelt, befindet sie sich im Grübelmodus, aber nicht im Universumsmodus. Und was ist für die Manifestation deiner Wünsche die Voraussetzung? Ja genau: Der Universumsmodus! Ganz wichtig ist, dass du erkennst, dass Grübeln, in welcher Form auch immer, eine ganz gemeine Erfüllungsbremse ist. Eine ganz gemeine. Grübeln schließt die Tür zur Erfüllung unserer Wünsche. Peng! Und sie ist zu.«

»Oje! Ich grüble auch ziemlich oft«, stellte ich fest. »Oft erwische ich mich dabei, dass meine Gedanken sich stundenlang um ein Problem drehen, immer im Kreis«, erzählte ich Sita.

»Das ist nicht schlimm. Du wusstest ja nicht, was du tatst. Mach das ab jetzt einfach nicht mehr.« Sie legte liebevoll meine Hand in die ihre. »Jedes Mal, wenn du dich beim Grübeln erwischst, sagst du Stopp und schickst das Grübelmonster aus dem Raum. Und Tschüss ... Das reicht schon. Mehr musst du nicht tun. Irgendwann hat es dann verstanden, dass es bei dir unerwünscht ist.«

»Das Grübelmonster aus dem Raum schicken«, lachte ich laut. »Ich kann nicht mehr.«

Die Ratschläge von Sita sind einfach köstlich. Ich liebe sie dafür. Man erwartet ja von einer Professorin eher wissenschaftlich komplizierte Erklärungen und nicht unbedingt solche lustigen und praktischen Ratschläge. Ich stellte mir gerade vor, wie mein Grübelmonster, ein dickes Tier, aus der Tür ging, und musste einfach lachen. Ich rief ihm noch »Und Tschüss« hinterher.

Sita reichte mir einen Zettel und sagte dabei: »Ganz wichtig!«

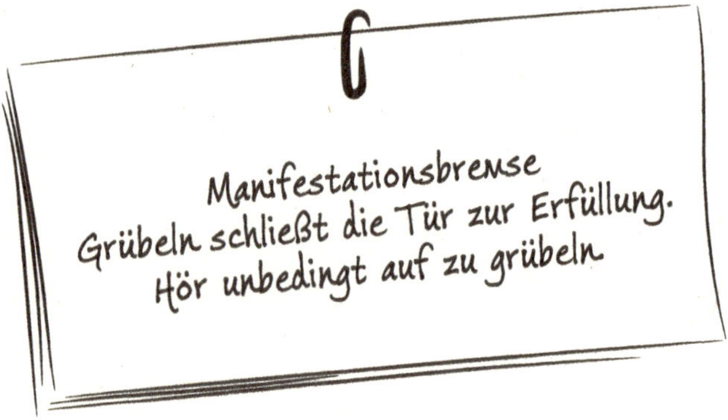

»Ja, gut. Wenn ich mich mal wieder beim Grübeln erwische, dann schicke ich dieses kleine Monster sofort zur Tür raus«, versprach ich. Ich lasse mir doch von dieser Grübelei nicht länger meine Manifestation verderben. Nein, das kleine Monster muss sich ein anderes Zuhause suchen. Ich stehe ihm nicht länger zur Verfügung. Das steht fest.

Du auch nicht mehr, oder? Das geht gar nicht mehr.

»Was siehst du jetzt?«, fragte Sita und forderte mich auf, wieder durch diese Lupe zu schauen. Und tatsächlich veränderte sich das Bild gerade. Sophia verschwand und es tauchte eine neue Person auf. Jetzt konnte ich das Leben von einer gewissen Maya sehen – auch wieder im Zeitraffer. Verrückt das Ganze, dachte ich. Total verrückt.

Ich konnte sehen, wie Maya von den Enttäuschungen, die sie erlebt hatte, geplagt wurde. Ich konnte durch die Erkennungslupe sehen, dass Maya durch diese Enttäuschungen eine unsichtbare Mauer um sich herum gebaut hatte. Oje, das tat mir total leid. Ich konnte sehen, dass diese Mauer sie von der Erfüllung ihrer Wünsche trennte. Am liebsten wollte ich Maya in den Arm nehmen und ihr das sagen.

»Ja, genau das kannst du demnächst machen«, erklärte mir Sita. »Die Menschen darauf aufmerksam machen, dass sie sich besser nicht zu lange mit Enttäuschungen beschäftigen. Enttäuschungen können wie Pech an uns kleben. Wenn wir uns zu viel mit Enttäuschungen beschäftigen, dann haben sie uns nicht nur die Vergangenheit verdorben, sondern sie verderben uns auch noch die Zukunft! Und das will niemand.«

»Ja, aber wenn man nun mal eine Enttäuschung erlebt hat? Dann kann man ja schlecht so tun, als wäre das nicht passiert, oder?«, fragte ich nach.

»Musst du auch gar nicht. Aber du musst dir bewusst sein, was das Gefühl der Enttäuschung mit dir macht. Was es anrichtet. Dieses Gefühl schwächt dich und erniedrigt dich. Kleine Erinnerung: Du willst ja zum Tor der Erfüllung. Deshalb sieh eine Enttäuschung als das an, was sie ist: Sie hat dir die Augen geöffnet. Du hast dich getäuscht, jetzt bist du ent-täuscht. Auch wenn es schwerfällt, das ist wichtig. Sage dir: Danke, liebe Enttäuschung, dass du mir die Augen geöffnet hast.«

»Das ist nicht so einfach«, beharrte ich.

»Es gibt einen Trick oder besser gesagt: eine kleine Gedankenübung, um Gefühle der Enttäuschung zu vertreiben«, kündigte Sita an. »Das macht die Sache einfacher.«

Ich war gespannt, was Sita wohl jetzt wieder für einen Trick aus ihrem Professorenhut zaubern würde.

»Tataa: Es ist die blaue Tonne«, rief sie. »Nimm deine Enttäuschung in Gedanken in deine Hände und wirf sie in eine imaginäre blaue Tonne. Hinein damit! Du hast dich einmal bei ihr bedankt – und dann: Jedes Mal, wenn die Enttäuschung wieder in dir hochkommt, dann schließt du sofort deine Augen, nimmst die Enttäuschung in Gedanken in deine Hände und wirfst sie in die blaue Tonne. Jetzt ist die Enttäuschung aus deinem Körper und stattdessen in der blauen Tonne«, lachte sie.

»Aber Sita«, meinte ich etwas verwirrt. »Wir müssen unsere Enttäuschungen doch verarbeiten und uns näher mit ihnen auseinandersetzen.«

»Müssen wir?«, fragte Sita. »Wo steht das geschrieben? Tatsache ist, dass uns Enttäuschungen runterziehen und dadurch vom Tor der Erfüllung fernhalten. Du hast die Wahl, jeder kann ja selber entscheiden: Du kannst dich näher mit deinen Enttäuschungen beschäftigen und dich darin wälzen – oder du manifestierst in der Zeit und ziehst die Erfüllung deiner Wünsche in dein Leben. Beides zur gleichen Zeit geht nicht. Beides zusammen geht nicht. Entweder, oder!«

»Okay, dann lieber doch nicht. Dann ab damit in die blaue Tonne. Lustig: in die blaue Tonne.« Ich musste bei dieser Vorstellung lachen. »Bei mir zu Hause kommt das Altpapier in die blaue Tonne.«

Und weißt du was? Das ist wirklich witzig: Jedes Mal, wenn ich seitdem die blaue Tonne zur Entleerung an die Straße fahre, dann stecke ich noch schnell meine Enttäuschungen mit rein und freue mich, wenn die Müllabfuhr alles abholt. Das musst du unbedingt auch mal ausprobieren. Das ist irgendwie witzig. Mich befreit das total. Bin gespannt, ob dir das auch so geht.

Tipp von Sita:
Steck die Enttäuschungen in die blaue Tonne.
Weg damit!

Ich glaube, ich bestelle mir gleich mal eine größere blaue Tonne, lachte ich innerlich. Vielleicht gleich einen Container. Bei meiner Vergangenheit ...

Ich war in Gedanken noch bei meiner blauen Tonne, da forderte mich Sita noch einmal auf, durch die Erkennungslupe zu schauen. Und wieder änderte sich das Bild beziehungsweise der Film, den ich durch die Lupe sah.

Jetzt betrat eine Luisa die Bühne und auch ihr Leben lief im Schnellverfahren vor meine Augen ab. Luisa hatte Prüfungsangst. Vor jeder Prüfung schlotterten ihr die Knie und sie hatte Angst zu versagen. Ich konnte die Wirkung davon hier wieder genau sehen. Ich konnte sehen, wie ihre Angst vor dem Versagen das Scheitern anzog. Ach du je, die Arme!

»Was kann Luisa denn machen?«, fragte ich, denn sie tat mir leid. »Am besten, sie macht eine Therapie, oder? Sie muss sich mit ihren Ängsten auseinandersetzen.«

Aber Sita schüttelte den Kopf. »Nein, das muss sie nicht. Es gibt etwas viel Besseres.« Sie strahlte. »Es gibt eine wunderbare Visualisierung bei Prüfungsangst. Eine Visualisierung, die innerhalb von Sekunden dafür sorgt, dass du die richtige Energie aussendest – nämlich Erfüllungsenergie und keine Scheitern-Energie.«

»Und? Mach's nicht so spannend, Sita, was ist das für eine Visualisierung?«, fragte ich ungeduldig.

»Meine Liebe, über deine Ungeduld müssen wir gleich auch mal reden«, sagte Sita schmunzelnd.

»Von mir aus, aber jetzt erzähl endlich.«

Sita lachte: »Okay. Die beste Übung vor Prüfungen ist die Sektkorken-Visualisierung.«

»Sektkorken-Visualisierung? Klingt super. Sekt ist

immer gut.« Ich war gespannt. »Prost«, dachte ich nur und dann beschrieb Sita schon diese ungewöhnliche, aber tolle Übung: »Stell dir vor, wie du die bestandene Prüfung feierst. Höre, wie der Sektkorken knallt, und sieh in Gedanken, wie du mit Freunden und der Familie anstößt und feierst. Fühl deine Glücksgefühle. Diese Kombi: Das Knallen der Sektkorken plus deine Glücksgefühle, das ist der Turbo der guten Anziehungsenergie. Es ist pure Erfüllungsenergie, die du mit dieser Sektkorken-Visualisierung aussendest. Also, wenn du gut vorbereitet bist und diese Übung machst – was kann dann noch schiefgehen? Nichts. Absolut nichts«, lachte sie. »Du wirst genau die Fragen in der Prüfung bekommen, die du beantworten kannst. So funktioniert das mit dem Universum. Genauso.«

Wow, schon beim Zuhören spürt man die gute Energie. Das ist ja ein super Trick. Die Sektkorken-Visualisierung – der Kracher!

»Diese Übung hat nur Vorteile«, fügte Sita noch hinzu. »Nur Vorteile: Sie vertreibt die Angst, sie zieht die Erfüllung an, sie sorgt dafür, dass du im Vertrauensmodus bleibst. Das ist die absolute Win-Win-Win-Visualisierung.«

»Mega! Da bekommt man richtig Lust auf eine Prüfung«, sagte ich grinsend.

»Du kannst diese Übung übrigens auch ganz wunderbar vor Referaten oder Auftritten machen oder auch wenn du einen Gerichtsprozess vor dir hast oder oder oder. Sie ist vielseitig anwendbar. Ich persönlich liebe sie sehr«, sagte Sita. »Ich mache sie seit Jahren. Sie ist ein absoluter Türöffner. Einfach großartig.«

Ja, das fand ich auch. Wirklich großartig. Lassen wir die Korken knallen!

Großartiger Tipp von Sita:
Vor jeder Prüfung, vor Referaten, Auftritten oder Gerichtsprozessen: Die Sektkorken-Visualisierung

»So, meine Liebe, jetzt aber mal zu dir«, sagte Sita streng. »Wir müssen an deiner Ungeduld arbeiten. Das halte ich für wichtig. Weißt du, warum?«

»Ja ja, ist mir schon klar«, antwortete ich. Ich hatte, ehrlich gesagt, gerade überhaupt keine Lust, über mich zu reden und schon gar nicht über meine Schwächen. Ich wollte viel lieber weiter durch diese Zeitrafferlupe schauen und über andere Menschen reden oder die Sektkorken knallen lassen. Aber Sita ließ nicht locker, du weißt ja, wie sie ist.

»Ungeduld ist eine richtig böse Erfüllungsbremse«, erklärte sie. »Eine richtig böse Bremse. Jede Form von Ungeduld entfernt dich von der Manifestation. Das wollte ich nur noch einmal klarstellen. Du weißt ja inzwischen, warum«, sagte Sita.

»Ja, das weiß ich. Ungeduld ist das Gegenteil von Vertrauen. Richtig?«

»Ja, perfekt, genauso ist es.« Sita war zufrieden.

»Wenn du merkst, dass du ungeduldig wirst, dann lagere deine Ungeduld aus. Stell dir vor, deine Ungeduld ist ein wildes Pferd, das davongaloppieren will.

Dann sagst du: Ruhig, ganz ruhig. Du nimmst dein Pferd (deine Ungeduld) an die Zügel und führst es liebevoll zurück auf die Weide.«

Ich stellte mir meine Ungeduld als wildes Pferd vor – lustig, dieser Vergleich. Aber er gefiel mir. So fühlte sie sich nämlich manchmal echt an – wie ein Pferd, das durchgeht.

»Alle Menschen auf dieser Welt, die gut manifestieren können, sind Weltmeister in Geduld«, betonte Sita. »Wie sie das schaffen? Sie sind geduldig, weil sie wissen, dass alles im Universum zur genau richtigen Zeit geschieht. Alles, auch die Erfüllung ihrer Wünsche. Es gibt also keinen einzigen Grund, ungeduldig zu sein. Keinen einzigen, weil alles immer zur richtigen Zeit geschieht. Und genau das musst du auch verinnerlichen: Alles, meine Liebe, alles geschieht zur genau richtigen Zeit. Auch die Manifestation deiner Wünsche«, sagte Sita wieder liebevoller. »Und das scheinbar Paradoxe ist: Je geduldiger du bist, umso schneller erfüllen sich deine Wünsche. Das ist tatsächlich so. Je ungeduldiger die Menschen sind, umso weiter schieben sie die Erfüllung von sich weg.« Sita lachte. »Ja, genauso ist das leider.«

Sie reichte mir einen Zettel:

Erfüllungsbeschleuniger:
Je geduldiger du bist, umso schneller
die Manifestation
Ungeduld vertreibt die Erfüllung.

Hm, wenn das so ist, dann werde ich jetzt der geduldigste Mensch auf der Welt.

»Du musst allerdings nicht nur so tun, als seist du geduldig. Du musst es auch tief in deinem Inneren sein«, betonte Sita, als hätte sie meine Gedanken gelesen.

»Okay, ich habe verstanden, Sita. Geduld ist ab jetzt mein zweiter Vorname und alle wilden Pferde fange ich ein.« Ich meinte es wirklich ernst. »Sita, ich habe noch eine Frage. Was können wir denn tun, wenn wir in die Negativspirale geraten? Das kann ja mal passieren. Wir lernen ja noch.«

»Das stimmt, das kann immer mal wieder vorkommen und wird es auch. Es ist aber kein Problem und es gibt natürlich auch hierfür einen Trick: die Universumsspiele. Kennst du die schon?«, fragte Sita.

»Universumsspiele? Was ist das? Eine Art Olympiade?« Ich hatte noch nie etwas von diesen Spielen gehört. Kennst du die?

»Nein«, lachte Sita. »Keine Olympiade. Wenn du bemerkst, dass du ins Negative abrutschst oder Zweifelgefühle kommen oder so etwas in der Art, dann kannst du diese Spirale anhalten, indem du etwas Lustiges beim Universum bestellst, zum Beispiel, dass du einen Mann mit Hut und Gitarre siehst«, lachte Sita. »Liebes Universum, ich sehe einen Mann mit Hut und Gitarre. Danke, liebes Universum. So etwas kannst du zum Beispiel bestellen. Diese Spiele sind ein zuverlässiger Gamechanger. Die Negativspirale wird dadurch sofort unterbrochen und angehalten. Und nicht nur das, sie verwandelt sich durch diese Spiele in eine Positivspirale. Das ist sehr amüsant – und es wirkt immer«, erklärte Sita mit einem Lächeln auf den Lippen. »Durch diesen fröhlichen Auftrag ans Universum kommst du nämlich automatisch sofort in den Erwartungsmodus und in den Erfüllungsmodus. Verstehst du, was da passiert?«

»Ja, ich denke schon. Das ist famos«, jubelte ich. »Das ist richtig famos. Die lustige Bestellung stoppt die Negativspirale und aktiviert die Positivspirale. Genial. Und so einfach. Toll.«

Komm, das probieren wir auch mal – das hört sich doch wirklich toll an: Wir sehen einen Mann mit einem Hut und einer Gitarre.

»Du kannst natürlich bestellen, was du möchtest«, lachte Sita. »Deiner Fantasie sind da keine Grenzen gesetzt. Es sollte aber ein lustiger Auftrag sein – wir wollen ja damit diese Spirale umdrehen.«

Manifestationsbeschleuniger:
Universumsspiele: Etwas Lustiges bestellen.
Die Negativspirale anhalten und in
eine Positivspirale umdrehen.

»Sita, jetzt hast du mir so eine Lust auf ein lustiges Universumsspiel gemacht. Ich will jetzt auch noch etwas anderes Lustiges bestellen.«

Und Sita hatte glücklicherweise auch gleich einen Vorschlag: »Wie wäre es damit: Liebes Universum, wir sehen einen Pinguin. Danke, liebes Universum.«

»Einen Pinguin?«, lachte ich. »Na, da bin ich ja mal gespannt, wo wir den in dieser Gegend treffen. Aber: Ich bin bereit.«

Machst du mit? Komm, wir drei sehen einen Pinguin – du, ich und Sita. Wir sehen einen Mann mit Hut und Gitarre und dann noch einen Pinguin. Doppelt hält besser. Ich bin gespannt ... Danke, liebes Universum.

Ich durfte noch ein letztes Mal durch die Lupe schauen. Dieses Mal sah ich Alexas bisheriges Leben im Schnelldurchlauf. Alexa wurde immer wieder in Streitereien hereingezogen. Ach, die Arme. Das sah echt anstrengend aus.

»Streit und Ärger sind ganz üble Zeitgenossen«, stellte Sita klar. »Jeder Streit und jeder Ärger entfernt uns von der Manifestation. Meilenweit sogar. In der Zeit, in der man in Streit oder Ärger verwickelt ist, können sich unsere Wünsche nicht manifestieren.

Das geht nicht zusammen. Aber auch hier kannst du wählen«, sagte sie eindringlich. »Auch hier kannst du wählen: Will ich den Streit oder Ärger oder will ich manifestieren? Wie gesagt, beides zur gleichen Zeit ist nicht möglich.«

»Hmm, das ist ja irgendwie gemein«, fand ich. »Oft kann man ja schließlich nichts dafür, dass man in einen Streit reingezogen wird, oft kommt der Ärger ja von außen. Das ist fies. Dann wird meine Manifestation ja irgendwie von anderen kaputt gemacht.«

»Weißt du, was jetzt gerade bei dir passiert?«, fragte mich Sita fast ein wenig erschreckt. »Du machst dich gerade zum Opfer. Merkst du das? Nach dem Motto: Ich kann ja nichts dafür!«, stöhnte sie. »Hör sofort auf damit. Aber sofort, hörst du! Opfer sein und manifestieren geht nämlich auch nicht zusammen. Opfer manifestieren nicht. Opfer haben Mitleid mit sich selbst. Manifestierer sind Schöpfer und Gestalter. Das müsstest du aber inzwischen verstanden haben, oder etwa nicht?« Sita sah mich an.

»Oh, stimmt. Das war ein Versehen«, entschuldigte ich mich. »Ein klitzekleiner Rückfall. Aber, Sita, sag mir bitte trotzdem Folgendes. Sag mir bitte, wie ich Streit und Ärger aus meinem Leben bekomme. Den will ich auf keinen Fall länger haben.«

»Kein Problem, auch das ist durchaus möglich. Streit kannst du auflösen. Dafür gibt es natürlich – Überraschung – auch eine wunderbare Visualisierungsübung«, begann Sita.

Sie hat tatsächlich für alles eine Lösung!

»Also, schließ deine Augen. Stell dir die Person vor, mit der du Streit hast, und hülle sie in ein sanftes Licht. Schicke ihr in Gedanken gute und positive Energie. Mach das vier Wochen lang täglich. Du wirst sehen, dass diese Person anfängt, ihr Verhalten zu ändern«, versprach Sita. »Das funktioniert immer. Die Streitperson kommt gegen unsere gute Energie und das warme Licht nicht an.«

»Ah, interessant. Allerdings ist es ja auch nicht ganz einfach, einer Person, die so richtig böse zu uns ist, in Gedanken gute Energie zu schicken und sie liebevoll in Licht zu hüllen«, überlegte ich.

»Ja, das stimmt«, gab sogar Sita zu. »Tue es aber trotzdem. Tue es aus reinem Egoismus. Aus dem Egoismus heraus, dass du dich beim Manifestieren nicht durch irgendwelchen Ärger stören lassen kannst und willst.«

»Aus Egoismus?«, lachte ich. »Ich soll die andere Person aus reinem Egoismus in sanftes Licht hüllen? Ist das nicht widersprüchlich oder sagen wir mal: etwas hinterlistig?«

»Es ist ein legitimes Mittel zum Zweck«, schmunzelte Sita. »Und du schadest der Person ja nicht. Dein Egoismus bringt sie sogar auf den rechten Weg zurück.«

»Stimmt, so kann man es auch sehen«, gab ich zu.

»Wenn du nicht möchtest, dass dich jemand länger negativ beeinflusst, dann kannst du auch noch diese Übung machen«, fiel Sita ein. »Stell dir vor, wie du und diese Person circa fünf Meter auseinander stehen. Sieh, wie ihr mit einem Band verbunden seid. Schneide dieses Band dann in Gedanken durch. Und nun dreh dich um und geh weg. Du glaubst nicht, was diese einfache Übung bewirkt. Das ist absolut faszinierend.« Sie sah mich freundlich an. »Ja, meine Liebe, du siehst, es gibt für beinahe alles und jedes eine Visualisierungsübung. Überhaupt sind diese Übungen eine regelrechte Zauberwaffe. Du kannst auf der einen Seite fast alles, was dich stört und belastet, mit ihrer Hilfe auflösen, und du kannst auf der anderen Seite auch fast alles, was du dir wünschst, mit ihrer Hilfe in dein Leben ziehen«, fasste sie zusammen und überreichte mir einen Zettel.

Visualisierungen sind eine Zauberwaffe
für die Manifestation
Du kannst mit ihrer Hilfe:
1. alles Negative aus deinem Leben entfernen
2. alles, was du dir wünschst,
in dein Leben ziehen

»Nicht umsonst lag ein Schwerpunkt meines Studiums auf der Visualisierung«, erinnerte sich Sita. Ihre Universität war übrigens, wie ich später erfuhr, weltbekannt für ihre Forschungen und Erfolge, was die Visualisierung angeht. Die besten Visualisierungsübungen und Techniken waren alle an dieser wunderbaren geheimnisvollen Universität erfunden und entwickelt worden.

Ich will unbedingt auch mal dorthin fahren. Unbedingt. Am liebsten würde ich dort einen Sommer verbringen. Vielleicht gibt es dort auch eine Art Summerschool, also Sommerkurse. Die gibt es ja an fast allen Unis. Ja, das will ich. Das werde ich manifestieren, beschloss ich.

Sita und ich blieben noch eine Weile in diesem Planetarium, das kein Planetarium war. Es war einfach nur faszinierend. Es ist eben doch ein Unterschied, ob man über etwas spricht oder ob man es im echten Leben sieht. Es ist so faszinierend zu erleben, was für Auswirkungen und Konsequenzen unser Verhalten und unsere Einstellungen haben – das war mehr als aufrüttelnd.

Und weißt du, wo wir das auch noch wunderbar studieren können? In unserer eigenen Umgebung. Dafür können wir einfach mal unsere Freunde, Familie, Kollegen näher anschauen. Das ist auch sehr spannend. Und sehr aufschlussreich. Eine Freundin von mir zum Beispiel zweifelt ständig, eine andere beschäftigt sich viel zu sehr mit ihren Enttäuschungen, wieder eine andere macht sich ständig Sorgen über alles Mögliche und so weiter und so weiter. Ich wette, in deinem Freundeskreis sieht es ähnlich aus, oder?

Das ist wirklich interessant. Sehr interessant sogar. Denn wir wundern uns, dass sich unsere Wünsche nicht erfüllen. Als würde sich jemand, der ohne Schirm durch den Regen läuft, wundern, dass er nass wird.

Wir waren schon etwas blind. Aber egal – jetzt ist jetzt. Und jetzt wissen wir Bescheid.

An diesem Abend hatte Sita noch etwas Wunderschönes für mich vorbereitet. Eine kleine Zeremonie nämlich. Sie nannte sie Einweihungszeremonie.

Huh – das war toll!

Allein diese Atmosphäre im Garten mit den brennenden Fackeln war traumhaft schön. Es war angenehm warm und Sita und ich saßen uns gegenüber im Lotossitz. Sita sang ein Mantra: »Omomomnamashivay« oder so ähnlich. Und dann machten wir beide zusammen die Erfüllungsgeste, von der ich dir erzählt habe. Wir streckten unsere Arme vor unseren Körper und drehten die Handflächen nach oben.

»Und nun spüre deine Verbundenheit mit dem Universum«, flüsterte Sita. Unsere Augen waren dabei geschlossen. Und ich kann dir sagen: Ich habe die Verbindung in jeder Faser meines Körpers gespürt. Das werde ich nie mehr vergessen. Das war nicht von dieser Welt.

Anschließend erzählte mir Sita noch etwas, das ich wissen sollte. Sie erzählte mir nämlich endlich die ganze Geschichte.

Sitzt du? Die Geschichte hat es nämlich echt in sich.

Also, Sita ist ja in einem kleinen Dorf am Rande des Himalayas geboren und dieser heilige Mann aus dem Dorf, von dem sie erzählte, hat dafür gesorgt, dass sie an dieser ältesten Universität der Welt – das musst du dir mal auf der Zunge zergehen lassen: der Welt! – studieren durfte. An dieser Universität konnte man viele verschiedene Fächer studieren, zum Beispiel auch Ayurveda, Sanskrit, Universumskunde, Astronomie, Mathematik, Medizin und eben auch Manifestationskunde. Sita sollte, das war der Wunsch des alten Gurus und glücklicherweise auch ihr eigener, Manifestation studieren. Denn sie hat eine besondere Lebensaufgabe. Und jetzt kommt es: Sita hat die Lebensaufgabe, die Kunst der Manifestation in die Welt zu bringen. Sie hat die Aufgabe, den Menschen beizubringen, wie sie die Erfüllung ihrer Wünsche in ihr Leben ziehen können. Die Zeit war nun reif und sie war dafür auserkoren worden. Wie vor hundert Jahren Paramahansa Yogananda – vielleicht kennst du ihn. Er hat Yoga in die westliche Welt gebracht. Vor hundert Jahren war es Yoga, jetzt folgt die Manifestation.

Alle Studierenden dieser alten Universität hatten die Aufgabe, diese Welt zu einem besseren Ort zu machen – jeder auf seine Weise. Und deshalb hatte sich auch Sita aufgemacht und ist in die westliche Welt gezogen, vom Morgenland ins sogenannte Abendland. Und so kam es, dass Sita das Hotel der Wünsche eröffnet hat.

Und – jetzt kommt der Knaller, und das kann ich

immer noch nicht richtig glauben: Es stand fest, dass auch meine Lebensaufgabe hiermit verbunden war. Es stand seit Jahren fest, dass Sita mich in die Geheimnisse der Manifestation einweihen würde. Alle an der Universität wussten das. Nur ich wusste nichts davon. Ich bin wie ein Dummi durch mein Leben gestiefelt und habe nicht mal etwas geahnt. Warum sie ausgerechnet mich ausgesucht hat? Und woher sie mich kannte? Sita sagte, das war ihre innere Stimme. Ihre innere Stimme hat ihr gesagt, dass ich es sein würde. Na ja, und dann erzählte sie mir, dass sie meine Mutter kannte. Meine Mutter? Ich war fassungslos. Aber es stimmte. Sita hatte meine Mutter kennengelernt, als diese vor vielen Jahren, lange vor meiner Geburt, eine Reise nach Indien gemacht hatte. Sie hatte meine Mutter »zufällig« auf dieser Bank vorm Taj Mahal kennengelernt. Sie hatten sich beide zur gleichen Zeit dort hingesetzt. Kennst du diese Bank? Auf der machen alle Touristen ein Foto von sich vor dem Taj Mahal. Und in dem Moment, als Sita »zufällig« mit meiner Mutter dort saß, hat eine innere Stimme zu ihr gesagt: Du wirst der zukünftigen Tochter dieser Frau begegnen und sie in die Manifestation einweihen. Und sie wird diese Kunst weitergeben ... Wundervoll, oder?

KLEINE ZUSAMMENFASSUNG

Ich habe uns die vielen Infos von diesem letzten Tag noch einmal kurz zusammengefasst, damit wir nichts vergessen.

Was unsere Manifestation behindert und verzögert:

Zweifel, Ärger, Streit, Sorgen, Wut, Ängste, Grübeln, Negativspiralen.

Vorsicht, denn: Erfüllungsbremsen schließen die Tür zum Universum.

Was unsere Manifestation beschleunigt:

Vertrauensmodus, Visualisierungen, richtige Formulierung, gute Gefühle und Gedanken, Universumsspiele, Positivspiralen, Erfüllungsmodus, Glücksgefühle.

Willkommen, denn: Diese Dinge reißen die Tür zum Universum auf.

Ich bin so happy, dass wir das alles jetzt wissen – du und ich. Einfach nur froh.

Wir beide vereinbaren jetzt etwas, okay? Wir vereinbaren, dass unsere Devise ab jetzt ist: Uns interessieren nur noch Dinge, die die Manifestation beschleunigen. Zu den anderen haben wir keine Lust mehr. Und falls uns mal jemand in einen Streit reinziehen will oder etwas in der Art, dann sagen wir nur:

Dafür haben wir leider keine Zeit mehr. Wir manifestieren jetzt. Sollen die anderen sich doch ärgern und gegenseitig runterziehen – wir sind da raus. Ab jetzt ohne uns. Wir ziehen jetzt die Verwirklichung unserer Wünsche in unser Leben.

Ach ja, Sita hat mir übrigens gesagt, dass es noch einen Menschen gibt, für den das alles gedacht war. Einen Menschen, in dessen Lebensplan auch etwas über die Manifestation steht und der es sehr verdient, dass endlich alle seine Wünsche Wirklichkeit werden. Und rate mal, wer das war? Ahnst du es? Sita hat mir gesagt, dass du das bist. Ja, du hast richtig gehört: Du bist das!

Tja, hättest du das noch vor ein paar Tagen für möglich gehalten?

Ich sag dir, unser Leben wird sich verändern – deins und meins. Es wird sich vergolden.

Und wir sind bereit, nicht wahr? Du doch auch, oder?

Ja, liebes Universum, wir sind jetzt bereit für die Erfüllung unserer Wünsche.

Wir sind so was von bereit ...

Was für ein Urlaub, dachte ich abends, als ich wieder auf meinem Zimmer war. Was für eine aufregende Woche. Die Zeit war wie im Flug vergangen. Und morgen war schon wieder alles vorbei. Mein Zug fuhr um 11.11 Uhr von dem kleinen Bahnhof in der Nähe des Sees ab.

»Ich will hier nicht weg«, seufzte ich.

Alles in mir wollte einfach nur hier bleiben. Hier in dem Kleinen Hotel der Wünsche. Das dachte ich, als ich an dem kleinen Schreibtisch saß. Und du glaubst nicht, was dann passiert ist. Genau in dem Moment, als ich das dachte, flog ein gelber Schmetterling durch das geöffnete Fenster und setzte sich vor mich auf mein Heft, in das ich gerade geschrieben hatte. Genau mittendrauf.

War ja klar, dass das kein Zufall war ...

Notizen

Schlusswort

Und es war natürlich auch kein Zufall. Der Schmetterling war ein Zeichen. Ein Zeichen vom Universum – das hätte ich mir wirklich denken können. Du glaubst nicht, was seitdem alles passiert ist. Ich kann es ja selber kaum glauben. Alles geschah wie im Turbo. Ja, so kann man das sagen.

Sita ist inzwischen in England an einer dieser alten Traditionsuniversitäten Professorin für Manifestation. Stell dir das mal vor! Ihr neuer Studiengang hat eingeschlagen wie eine Bombe. Die Überschriften in den News spiegeln das wider: »Eine neue Ära beginnt. Die Menschen wachen auf«, hieß es da. Und sogar in den USA stand neulich in einer großen Tageszeitung: »Keine Sorge vor der künstlichen Intelligenz – Wir Menschen können mehr, viel mehr. Ein Bericht über die erste Professorin der Welt für Manifestation: Die charismatische Sita, die im Sturm die Welt und die Herzen der Menschen erobert.«

Ich habe mir diesen Artikel ausgeschnitten, eingerahmt und aufgehängt. Und weißt du, wo ich ihn aufgehängt habe? Du kennst den Raum. Ich habe ihn direkt in der Rezeption aufgehängt. Ja, genau – in der Rezeption vom Kleinen Hotel der Wünsche. Dort, wo der goldene Buddha steht.

Vielleicht ahnst du es ja schon? Ja, tatsächlich! Ich

lebe jetzt hier. Ich führe jetzt das Kleine Hotel der Wünsche – ich führe dieses wunderschöne kleine Hotel. Manchmal kann ich es selber noch gar nicht glauben und muss mich kurz zwicken. Ich war noch nie so glücklich wie jetzt. Ich könnte einfach nur noch tanzen vor Glück. Jeden einzelnen Tag.

Das Kleine Hotel der Wünsche ist inzwischen ziemlich bekannt geworden und ich kann mich vor Anfragen kaum retten. Sita hatte es in ihren Interviews erwähnt und na ja, seitdem geht das hier durch die Decke. Das Hotel ist die nächsten sieben Monate komplett belegt. Komplett.

Aber eins musst du wissen: Für dich habe ich immer ein Plätzchen frei. Also, wann immer du vorbeikommen möchtest, du bist jederzeit herzlich willkommen. Jederzeit. Ich freue mich sehr auf dich, dann können wir es uns in der Hollywoodschaukel bequem machen und uns noch mal in Ruhe darüber austauschen, wie alles angefangen hat, und auch darüber, was du inzwischen machst. Das interessiert mich brennend. Bei dir hat sich wahrscheinlich auch richtig viel ereignet, oder?

Ich habe im Prinzip im Hotel alles so gelassen, wie Sita es gemacht hat. Aber wir haben das kleine Haus, das auf dem rechten Grundstück neben uns steht, noch hinzugekauft. Das war ein glücklicher »Zufall« – aber wir beide wissen, dass es so sein sollte. In diesem Haus haben wir eine kleine Manifestationsschule eröffnet. Sie ist wunderschön geworden, noch nicht ganz fertig, aber jetzt schon einfach nur schön. Die

Gäste können sich im Hotel ausruhen und gleichzeitig die Gesetze der Manifestation kennenlernen. Das ist auch wirklich eine tolle Kombi, finde ich. Es gibt Kurse über die einzelnen Bereiche, wie die richtige Formulierung oder die drei Gs. Am beliebtesten ist allerdings nach wie vor der Kurs »Wie gestalte ich die perfekte Erfüllungs-Collage«. Die Leute lieben ihn und jeder will ihn machen. Mir hat der damals ja auch besonders viel Freude gemacht.

Ich muss sagen, mein Leben ist inzwischen noch toller und erfüllter geworden, als ich das auf meiner Collage dargestellt hatte. Umso besser.

Was ist eigentlich aus deiner Collage geworden? Hat sich schon alles erfüllt? Du musst unbedingt mal hierher kommen und mir alles erzählen. Unbedingt. Du kannst auch so lange bleiben, wie du möchtest, auch für immer. Es ist so unendlich schön hier. Das Kleine Hotel der Wünsche ist inzwischen ein richtiges Zentrum für die Manifestation geworden. Ich habe so wunderbare Mitarbeiter gefunden ... nein, das stimmt so eigentlich nicht: Das Universum hat mir diese wunderbaren Mitarbeiter geschickt!

Eigentlich könnte es auch das Kleine Hotel der Manifestation heißen, dachte ich manchmal. Aber so ist es auch gut: Das Kleine Hotel der Wünsche hört sich kuscheliger an.

Ich habe jedenfalls meinen Platz gefunden. Und mehr noch. Ich habe tatsächlich das erste Mal in meinem Leben das Gefühl, angekommen zu sein. Ein herrliches Gefühl: angekommen sein.

Ich erfülle meinen Lebensplan. Das spüre ich mit jeder Faser meines Körpers. Genau hier soll ich sein. Für mich fühlt es sich so an, als hätten sich sämtliche Schleusen geöffnet. »Das nennt man das Gesetz der Wunder«, hatte mir Sita erklärt. »Oder auch die Universumsspirale. Je mehr und je enger man mit dem Universum zusammenarbeitet, umso mehr Wunder zieht man ins Leben und das fühlt sich an, als seien die Schleusen der Erfüllung geöffnet.«

Ich liebe diese Universums-Wunderspirale. Ich liebe sie einfach.

Na ja, und wo wir schon bei der Universums-Wunderspirale sind: Es ist noch etwas Wunderbares passiert: Das Universum hat mir David geschickt. Wir haben uns gesehen und wussten: Ja, das ist es. Wir sind so glücklich. Ich sage jeden Tag: Danke, liebes Universum, dass du uns zusammengeführt hast. Danke. Danke. Danke.

Und rate mal, wo wir uns zum ersten Mal getroffen haben? Ja, tatsächlich, bei Alessio. Ich saß an einem Tischchen und genoss meine Caffé macchiato, las gerade mal wieder einen Artikel über Sita und bemerkte die anderen Gäste gar nicht. Plötzlich fing es an, stark zu regnen. Es schüttete richtig. Von einer Minute zur anderen. Ich sprang auf und suchte Schutz unter dem kleinen Vordach von Alessios Cafémobil ... und David tat das Gleiche. Da musste es das Universum erst regnen lassen, damit wir beide uns fanden. Ich liebe dieses verrückte Universum einfach. Es findet immer einen Weg.

David ist übrigens genauso begeistert von der Manifestation wie ich. Das ist so toll. Wir beide haben uns ein großes Projekt vorgenommen. Eigentlich wollte ich das noch nicht verraten. Aber dir erzähle ich es jetzt einfach. Wir haben Verbindungen zur Landesregierung aufgenommen und wollen, nein, wir werden dafür sorgen, dass es bald auch bei uns ein Glücksministerium geben wird. Auf einer Skala von eins bis zehn: Wie großartig findest du das?

Ich würde sagen: mindestens fünfzehn!

Und jetzt rate mal, wo David und ich neulich noch zusammen waren? Nein, nicht in England. Wir waren in Indien. Ja, wirklich wahr. Wir flogen nach Nordindien an den Rand des Himalayas. Denn ... du glaubst es nicht: Wir durften Sitas Universität besuchen, die älteste Universität der Welt, versteckt im Himalaya. Wir verbrachten eine ganze Woche dort. Sita hatte uns eingeladen und sie war auch dort, es waren nämlich gerade Semesterferien an ihrer neuen Wirkungsstätte.

Es war so großartig. Großartiger geht nicht. Es war die tollste Reise meines Lebens. Diese Universität ist ein altes, prachtvolles Gebäude. Es herrscht dort eine wunderschöne, fast magische und ehrfürchtige Atmosphäre und es werden die interessantesten Dinge, die ich je gehört habe, gelehrt. Und die Menschen dort sind einfach wunderbar. Das ist ein Ort wie nicht von dieser Welt. Ich lernte so wunderbare Menschen kennen und konnte so wunderbaren Vorlesungen lauschen. Das war einfach unvergleichlich.

Im Anschluss an diese unvergessliche Woche haben wir dann noch das Taj Mahal besucht. Da wollte ich unbedingt hin. Und als ich auf dieser Bank davor saß, da war es bei mir vorbei. Da war ich einfach total überwältigt. Ich saß auf der Bank, auf der Sita meine Mutter damals kennengelernt hatte. Ich saß auf der Bank, auf der Sita damals die Eingebung hatte, dass sie mir die Geheimnisse der Manifestation beibringen würde – obwohl ich noch nicht einmal geboren war! Ja, was soll ich noch sagen? Ich war zutiefst berührt, jetzt an diesem Ort zu sein. Und das war noch nicht alles. Diese Bank! Ich saß noch völlig überwältigt dort, als noch etwas passierte: Plötzlich kniete David vor mir nieder, mit einem wunderschönen Diamantring in seiner Hand, und fragte: »Willst du mich heiraten?«

Jaaa! Und wie ich das wollte! Und dann liefen nur noch die Tränen – vor Freude und vor Dankbarkeit und vor Glück. Auch wenn wir uns erst kurz kannten, ich wusste, dass es die richtige Entscheidung ist. Und, was soll ich dir sagen, genau in dem Moment flog ein Schmetterling vorbei ...

Das stimmt wirklich. Unglaublich, alles.

Ja, die Bank vorm Taj Mahal hat mein Leben verändert.

Das Universum hat mein ganzes Leben umgekrempelt, und ich bin gespannt, was noch alles kommt. Nein, ich freue mich darauf, was noch alles kommt. David und ich heiraten übrigens schon in zwei Wochen. Die Hochzeit wird bestimmt megaschön. Wir werden ein großes weißes Zelt direkt am See aufstellen, die Tische werden weiß eingedeckt und die Stühle mit weißen Hussen überzogen. Überall Lichterketten wie in einem Märchen. Und das Beste ist, Sita wird auch kommen und Ravi auch …

Und rate mal, wer die Musik macht. Rate mal. Ja genau, der Drummer und der Saxofonist kommen. Der Saxofonist wird den ganzen Abend spielen und schon die Gäste begrüßen. Das wird magisch – ich weiß es. Ich kann es kaum erwarten.

Du bist natürlich auch ganz herzlich eingeladen. Ich würde mich so sehr freuen, wenn du kommen würdest. Dann könnten wir uns später am Abend auf den Steg am See setzen, dem Saxofon lauschen, in den Sternenhimmel schauen und zusammen das Tor zum Universum am Himmel suchen …

Eines Tages werden wir uns treffen – da bin ich ganz sicher. Und dann machen wir das.

Wertvolles Wunscherfüllungsmaterial

Sita hat uns übrigens eine Mappe mit einer wunderbaren Sammlung der Manifestationstipps und -tricks dagelassen. In dieser tollen Mappe ist noch einmal alles zusammengefasst. Es ist Tradition an der ältesten Universität der Welt, dass die Studenten am Ende des sechsten Semesters eine Mappe ihres Fachs überreicht bekommen. Das ist dann immer mit einer ganz besonderen kleinen Zeremonie verbunden. Sita hat in ihrer Mappe aber nicht nur den Stoff des Studiums zusammengefasst – sie hat auch noch ihre ganzen Tricks und Tipps für die Manifestation darin aufgelistet, damit man sie jederzeit nachlesen kann. Total lieb von ihr. Und ihre Studenten lieben sie dafür. Sie ist und bleibt einfach die wundervollste und beeindruckendste Frau, die ich je getroffen habe. Unsere erste Professorin der Welt für Manifestation. Danke, liebes Universum, danke, dass wir sie treffen durften. Das denke ich mindestens einmal am Tag.

Ich schaue immer wieder in diese Mappe. Das ist reines geballtes Manifestationswissen. Manchmal vergisst man ja im Alltag das ein oder andere einfach wieder. Aber dank dieser Sammlung von Sitas Erfüllungshilfen finden wir es immer wieder … du und ich.

DIE ERFÜLLUNGSGESTE: Mindestens einmal täglich, Arme halb gebeugt vor den Körper strecken, Handflächen nach oben geöffnet aneinander halten. Energie spüren.

ZAHNBÜRSTE: Dein Glücksanker, morgens beim Zähneputzen sagen: »Ich weiß, dass die Erfüllung meines Wunsches schon unterwegs ist. Danke, liebes Universum.«

KOPFKISSEN: Erinnerung, jeden Abend vor dem Einschlafen daran denken, sich die Erfüllung seines Wunsches vorzustellen.

EIN-METER-BRETT: Kopfsprung in die Erfüllung machen und darin baden.

VISUALISIERUNG: Bildliche Vorstellung dessen, was man leben möchte, als hätte sich der Wunsch bereits erfüllt. Möglichst häufig machen.

DIE OFFENEN TÜREN: In Gedanken durch ein Schloss mit den offenen Türen gehen.

DAS SAATMÄNNCHEN: Jeden Abend zusammen mit dem Saatmännchen schauen, was man an dem Tag gesät hat. Man kann nur ernten, was man gesät hat.

KLEEBLATT: Jedes vierblättrige Kleeblatt, das wir sehen, ist eine Erinnerung: Ich bin ein Glücksmagnet.

DER HERZLUFTBALLON: Jeder Herzluftballon, den wir sehen, ist eine Erinnerung zu schauen, ob wir noch unserem Herzen folgen.

DIE HERZSPRECHSTUNDE: Immer mal wieder daran denken, unserem Herzen zuzuhören. Idealerweise einmal pro Woche, zum Beispiel sonntags.

DER FÜNF-BIS-ZEHN-MINUTEN-RAUM: Wenn du ärgerlich bist oder dir Sorgen machst, dann immer nur fünf bis zehn Minuten lang.

DER VERSCHWINDE-SATZ: Um Tschüss zu sagen, zum Beispiel zur Angst: »Danke, liebe Angst, dass du da warst, aber ich habe jetzt keine Zeit mehr. Ich manifestiere jetzt.«

Um Druck zu verabschieden: »Danke, lieber Druck, dass du da warst, aber ich brauche dich nicht mehr. Ich manifestiere jetzt.«

DER TRICK MIT DER TÜR: Schick deinen Verstand aus dem Zimmer und sieh, wie er aus dem Raum geht und von außen die Tür schließt. Endlich bist du mit deinem Herzen allein.

DIE BLAUE TONNE: Alle Enttäuschungen und Verletzungen aus der Vergangenheit kommen ab jetzt in die imaginäre blaue Tonne. Weg damit.

DER VOGEL AUF DEM AST: Vertraue immer auf deine inneren Fähigkeiten. Du hast alle Fähigkeiten, die du für die Erfüllung deiner Lebensaufgabe brauchst.

GUTEN-MORGEN-LIED: »Guten Morgen, liebes Vertrauen, bist du auch schon wieder da?«

MEDITATION: Reise zu deinem Höheren Selbst. Um Verbindung aufzunehmen und Antworten zu erhalten.

SEKTKORKEN-VISUALISIERUNG: Diese Visualisierung unbedingt vor jeder Prüfung machen.

GEBURTSZAHL: Deine Geburtszahl ist deine persönliche Zahl, die dich mit dem Universum verbindet. Darauf achten, wenn sie dir im Alltag erscheint.

STREIT ODER ÄRGER AUFLÖSEN: Visualisierung; den anderen Menschen in der Vorstellung in Licht hüllen und ihm gute Energie schicken.

VISUALISIERUNG ZUR TRENNUNG VON JEMANDEM: Wenn du dich von jemandem lösen willst, durchtrenne das Band zwischen euch; einfach das unsichtbare Band visualisieren und durchschneiden.

TÜRKLINKEN-AFFIRMATION: Diese Affirmation sorgt dafür, dass du erstens geschützt bist und zweitens immer zur richtigen Zeit am richtigen Ort bist. Möglichst immer beim Verlassen der Wohnung sagen: »Ich bin immer zur richtigen Zeit am richtigen Ort.«

UNGEDULD ZÄHMEN: Stell dir vor, deine Ungeduldsgefühle sind wilde Pferde. Fang sie ein, beruhige sie und bring sie auf die Weide.

SCHILDKRÖTEN-MOMENT: Gönn dir genug Momente der Ruhe. Zieh dich dann einfach in dein Inneres zurück.

SPIRIT-TIER: Das Universum spricht auch über dein Spirit-Tier mit dir.

KOPFKISSEN-TRICK: Die Brücke zur Erfüllung. Jeden Abend beim Einkuscheln in das Kopfkissen in die Erfüllung des persönlichen Wunsches eintauchen.

DIE TREPPE ZUR WUNSCHERFÜLLUNG:

Über sieben Stufen musst du gehen

Diese Skizze ist von Sita. Wir sollen sie uns in der Wohnung aufhängen, damit wir dieses Wissen nicht vergessen.

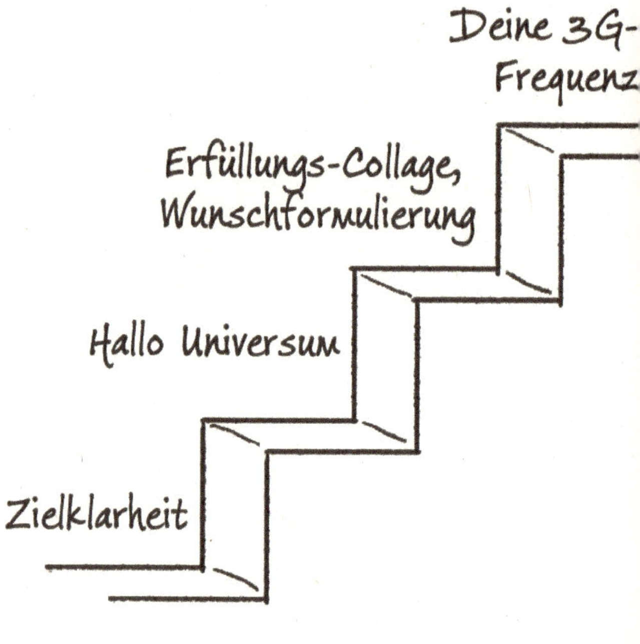

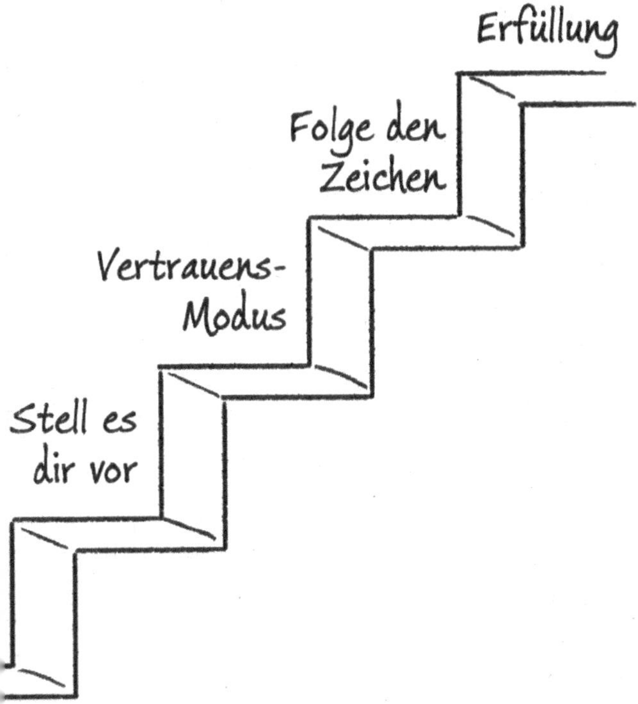
Erfüllung
Folge den Zeichen
Vertrauens-Modus
Stell es dir vor

Bestseller von Anjana Gill

Danke,
liebes Universum

95,7% Wunscherfüllung

Es funktioniert tatsächlich. Das Universum erfüllt Wünsche.

»Seit ich angefangen habe, das Universum zu ›testen‹, kann ich nur noch lachen, staunen und mich freuen. Es ist fast unglaublich, was auf einmal alles möglich ist.«

Die Frage ist jetzt doch nur noch: Wird das Universum auch deine Wünsche erfüllen? Ja, klar wird es das.

Locker und mit viel Witz zeigt Anjana Gill dir, wie auch du deine Wünsche vom Universum erfüllt bekommst.

ISBN 978-3-89845-610-4

77 Lifehacks
zur Wunscherfüllung

Tipps & Tricks: Erfolg mit dem Universum

Was immer auch dein Wunsch ist – es gibt 77 Tipps und Tricks für eine schnelle Erfüllung, die du unbedingt kennen solltest.

Anjana Gill zeigt dir diese Tipps und auch, welche Fallen und Hindernisse du unbedingt vermeiden solltest, die deine Erfüllung bisher vielleicht verhindert haben.

Jetzt kann die Erfüllung nichts mehr stoppen – nicht einmal deine alten Glaubenssätze.

ISBN 978-3-96933-019-7

Du und das Universum

– jetzt ist alles möglich!

Leseproben unter: www.silberschnur.de/omega